親が70歳を過ぎたら読む本

相続・認知症・老人ホーム……
について知っておきたいこと

村田 裕之 著

ダイヤモンド社

プロローグ

もし、あなたの親に何かあったら、あなたの生活はどうなるか？

最近、四〇代、五〇代の私の友人・知人から、彼らの親に関する次のような便りを多く受け取ります。

「お元気ですか。現在、故郷の田舎町で認知症の母の介護に翻弄されています。特に、家内が精神的に耐えられなくなったため、二か月前に母を病院の精神科に入院させました。病院の院長と母の今後について話し合った際、『お母さんを実家に戻して、夫婦お二人だけで介護するのは不可能です』と言われました。アルツハイマー型認知症というそうで、一番始末におえないそうです。院長には『辛くても、親とは思わず病人だと思った方が互いに幸せですよ』と言われました。この結果、退院と同時に介護施設に母の世話をお願いする決断をしました。大変辛いです。認知症さえなければ、家で一緒に過ごせるのですが、残念です」

悩み多き40代、50代の「サンドイッチ世代」

いま、私の周辺には、こうした切実な悩みを抱えている人が増えています。先日も、数年ぶりに会った五〇代の知人から、開口一番、「大阪の実家で一人暮らしをしている母の認知症が悪化して、仕事の合間に定期的に実家に帰っている。近いうちに年金で支払える範囲で、どこかの施設に入れないといけないので、そのうち相談に乗ってほしい」という話がありました。

ときどき、学生時代の同級会などで旧友たちに会って話をするときも、こうした話題が必ず出ます。また、年末近くになると、「喪中につき、年末年始のご挨拶を失礼させていただきます」という葉書が届きますが、その数は年々増えています。

四〇代、五〇代の多くは、まだまだ現役世代です。これら現役世代の親は、その多くが高齢期に差し掛かっています。四〇代、五〇代は、勤務先では一般に業務の中核的存在で多忙を極めていると同時に、家庭では一〇代後半から二〇代の子供を抱え、学費や仕送りなど何かと出費も増えている年代です。

アメリカには「サンドイッチ世代」という言葉があります。サンドイッチ世代とは、世話をしないといけない老親と養育義務のある子供とに「挟まれた世代」という意味です。サンドイッチ世代は、老親と子供に挟まれているだけでなく、姑と妻に挟まれたり、会社の上司と部下に挟まれたりしている、大変苦労の多い世代です。

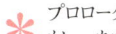

日本人の死亡者の75パーセントが70歳以上

皆さんは、日本人の死亡者の七五パーセントが七〇歳以上であることをご存知でしょうか？　また、入院や外来で治療を受ける「受療率」では、人口一〇万人当たり六五歳から六九歳が男性・一八六五人、女性・一二九二人なのに対し、七〇歳から七四歳では男性・二五二六人、女性・一九二四人、七五歳以上では男性・四六三〇人、女性・五一二〇人と七〇歳を過ぎると急増しています（厚労省「患者調査」、二〇〇八年）。

一方、厚労省によれば、要介護認定者は二〇一〇年七月現在で四九四万人ですが、そのうちの八四パーセントが七五歳以上です。七〇歳以上で区切れば、この割合はもっと大きくなります。さらに、認知症人口は二〇一〇年現在で二〇八万人と推計されていますが、年齢別の「出現率」では、六五歳から六九歳が一・五パーセントなのに対し、七〇歳から七四歳では三・六パーセントと倍になります。ちなみに、この数値は、七五歳から七九歳では七・一パーセント、八〇歳から八四歳では一四・六パーセントと五歳年齢が上がるごとに倍増していきます。

このように七〇歳を過ぎると、病気による入院、認知症の発症、介護の必要性が増え、死亡の確率も大きくなります。その結果、老人ホームや介護施設探し・入居、死去による遺産相続などに伴う問題が起きやすくなるのです。

高齢期の親の問題は「現役世代とその家族」の問題

しかし、こうした「高齢期の親に関わる諸問題」は、すでにお気づきのように、実は親だけの問題ではありません。むしろ多くの場合、子供である「現役世代とその家族の問題」になります。先の私の知人の例では、認知症が進行した母親の世話のために、子供である彼が多くの時間や精神的なエネルギーを割かざるを得なくなっています。それ以上に、実際に介護を担っている彼の奥さんの肉体的・精神的負担が、彼の家庭を脅かすものになっています。

また、親の介護をどうするか、親の死後の遺産相続をどうするかなどで、親族間で、揉めごとになるケースが後を絶ちません。こうした揉めごとが悪化すると、場合によっては骨肉の争いになり、経済的負担だけでなく、親族間の絆がズタズタになり、精神的なダメージを被る例も残念ながら見られます。

トラブルは事前に手を打てば予防できる

私は縁あって、これまで中高年向けの事業開発の仕事に携わってきたため、多くの中高年・高齢者の方と接する機会がありました。私は、こうした機会を通じて、人間は年を取るにつれて若い頃には予想もしなかったさまざまな問題に遭遇し、トラブルになっていくことを目の当たりにしてきました。年少者には、年長者に起こり得る出来事が想像できないのです。

一方、仕事上「高齢期の親に関わる諸問題」について比較的多くのことを知る立場にあった私は、こうしたトラブルは事前に手を打っておけば、ある程度予防できることを知りました。また、仮にトラブルが起こっても、それによるダメージを減らす方法があることも学びました。

先の私の知人は、「アルツハイマー型認知症というそうで、一番始末におえないそうです」と言っていますが、最近の研究では、たとえアルツハイマー型認知症が発症したとしても、必ずしも始末におえないわけではありません。たとえば、学習療法という対認知症療法があり、すでに国内でのべ一万四〇〇〇人の認知症の方が取り組んでおり、アルツハイマー型認知症と診断された方でも、その療法によって症状が大きく改善した例がたくさんあるのです。

忙しい現役世代は高齢期の問題を知る機会が少ない

こういう話を知人にすると、「そんな方法があったのですか、知りませんでした」という言葉がよく返ってきます。この知人のように、四〇代、五〇代の現役世代の人は、仕事が忙しいうえ、一般にこれらの諸問題についての知識や理解が乏しいのが現状です。そして、自分の親に何かがあって、初めてその対処に着手する人がほとんどと言っても過言ではありません。

かくいう私もそうでした。八三歳の母が、昨年(二〇一〇年)の春に脳梗塞で倒れて入院しました。便りのないのは元気な証拠というのは子供の場合で、老親からの便りが途絶える場合は、残念ながら元気でない証拠のことが多いのです。

それまで私は、仕事上、高齢者の認知症改善・予防の普及活動に関わっていながら、自分の親は幸い元気だったためか、親の介護のことは、どこか他人事のように思っていました。しかし、実際に自分の肉親が当事者になったことで、初めて私自身も当事者となり、老親に関わることが他人事ではなくなりました。

人生の成熟期の対処法を教えてくれる学校はない

子供から成人への成長期には、小学校から大学まで必要な基礎知識や学力を身につけるための教育の場が整備されています。ところが、成人から中高年への成熟期には、自分の生活防衛のための知識や、よりよい後半生を過ごすための対処法を身につけるための教育の場は、残念ながらほとんどありません。したがって、こうした知識や対処法は独力で学ぶ以外に方法がありません。

一方、こうしたことを学ぼうと思って書店に行くと、「相続」「介護」「老人ホーム」「成年後見制度」といった個別テーマによる専門書は数多く存在します。ところが、「高齢の親とその家族が遭遇しうる諸問題」といった視点で、これらの個別テーマの勘所を横串にした書物は、なかなか見つかりません。

現役世代が生活防衛のために、よりよい人生を送るために、どんなアクションが必要なのか、その理由は何かを包括的に整理した書物が意外に少ないことに私は気がつきました。もしかしたら、先に挙げた私の知人が知りたいと思っていることは、彼以外の多くの現役世代の人も知りたがっているのではないか――この疑問が、本書を執筆するきっかけとなりました。

トラブル予防の「対処法」を知って近い将来に備える

本書は、毎日忙しいなか、多くの悩みを抱えながら必死にがんばっている四〇代、

70歳を過ぎると発生しやすい問題

❶ 生前：介護にまつわる問題

❷ 死後：相続にまつわる問題

↓

**親が大変なだけでなく、
家族にも多くの負担がかかる**

五〇代の現役世代の皆さんに「高齢期の親に関わる諸問題」に起因するトラブルを未然に防ぎ、仮にトラブルが起きたとしてもそれによるダメージを最小限に食い止めるための「対処法」をお伝えすることを試みたものです。

ただし、本書は個別テーマの専門書ではありません。このため、他の専門書に詳しく書いてあることは敢えて省略しています。より専門的な内容を知りたい場合は、他の専門書をお読みいただくか、街の専門家のドアを叩いていただくことをお勧めします。本書が本格化しつつある超高齢社会において、本来、不要なトラブルを起こすことなく、親子の絆を深め、良好な親族関係を構築するための「新しい生活常識」として、現役世代の方のお役に立てるなら、筆者としてこれほどうれしいことはありません。

CONTENTS

親が70歳を過ぎたら読む本

CONTENTS

第2章 相続トラブルを予防する

CONTENTS

CONTENTS

CONTENTS

第Ⅰ部

親が70歳を過ぎたら元気なうちにやること

親が70歳を過ぎたら元気なうちにやるべきことは、親が将来、認知症になったり、要介護や寝たきりになったときの備えと、亡くなった後のトラブル予防です。

その中身は、

①老人ホームの情報収集
②遺言書
③任意後見契約
④財産管理等委任契約
⑤尊厳死宣言書

の5つです。

これら5つの作業の共通点は、すべて親が元気で健康なうちに行なう必要があることです。

第1章

老人ホームの情報収集を行なう

ある日、突然やってくる老親の介護

親が七〇歳を過ぎたら元気なうちにやるべきことは、親が将来、要介護や寝たきりになったときにどこに住むか、そのための情報収集を始めることです。こういう話を四〇代、五〇代の人にすると、「ウチの親はまだ元気だから、そのときになったら考えればいいですよね」、「そんなことは、親が勝手に決めればいいことでしょう」などといった反応が返ってきます。

ところが、現実にはそれでは済まないのです。なぜなら、元気だと思っていた親が突然、病気や事故で入院し、要介護や寝たきり状態になると、あなたの生活が激変する可能性が大きいからです。

たとえば、もし、あなたが東京で仕事をし、首都圏に家を持って家族と生活している場合、故郷の山形で一人暮らしをしているあなたの母親が脳卒中で突然倒れ、要介護状態になったら、どうなるでしょうか。親が倒れたそのときには、会社はとりあえず数日の有給休暇を取らせてくれるでしょう。

しかし、それ以降も要介護状態が続いたとして、勤務先で重要な役割を担っているあなたは、毎週有給休暇を取れるでしょうか？　毎週末に、あなたが山形まで通うことが業務の障害になりませんか？　あなたが通えない場合は、奥さんに代わりに通ってもらえるでしょうか？　どちらが通うにしても時間的・経済的に、そして精神的にも大きな負担となります。

寝たきりになったら、半数の人が3年以上寝たきり

これが短期間なら、まだ何とか対応できますが、実際にはあなたが思っている以上に長期間にわたることが多いのです。日本では、寝たきり状態になってから亡くなる

までの期間が三年以上に及ぶ人が五〇パーセント、一〇年以上の人も一五パーセント程度いると言われています。前述のとおり、要介護認定者は二〇一〇年七月現在で四九四万人、そのうちの八四パーセントが七五歳以上です。七〇歳以上で区切れば、この割合はもっと大きくなります。本書を手に取られた方のなかには、すでに親が要介護状態や寝たきり状態になっている方も少なからずいらっしゃることでしょう。

親からの知らせは、ある日突然やってきます。そして、いったん要介護状態になると、長期戦になります。突然の想定外の知らせにうろたえなくて済むように、親が元気なうちに備えておくことが必要なのです。

高齢になると、自宅に住み続けられるとは限らない

日本人の約八割は年を取ってもできる限り「いま住んでいる自宅に住み続けたい」と思っています。しかし、こうした希望に反して高齢期には自宅に住み続けられるとは限りません。現実に親が要介護状態や寝たきりになったとき、どこに住むかの選択肢は次のようになります。

①自宅に住み続ける
②家族・親族（あなたを含む）の家、またはその近くの家に移り住む
③老人ホームなどの高齢者施設に移り住む

一般には、元気なときには終の棲家にしようと思っていた自宅も、持病と付き合う必要に迫られた場合など、状況によっては住み替える必要性が出てきます。

特に、夫婦で暮らしていたときには考えもしなかったでしょうが、配偶者に先立たれると一戸建てでは家の広さがかえって不便になりがちです。庭の草取り、階段の上り下り、雨戸の開け閉めなど、若いときには何ともなかった作業が高齢期になるとおっくうに感じ、苦痛にさえなります。こうした心理的な変化から、一戸建てに一人で住むのが心細くなり、マンションや有料老人ホームへ住み替える人が実際多くいます。

「高価なホーム＝いいホーム」とは言い切れない

一方、要介護状態になった場合でも、「最期まで自宅で介護を受けたい」と決めている人がいますが、要介護度が重くなれば、介護する家族の負担は半端ではなくなります。また、場合によっては、費用の面でも自宅介護の方が施設介護よりも高くつくこともあります。

自宅暮らしにこだわって、介護費用を惜しみながら介護を受けている場合と、介護施設に住み替えて適切な介護を受けている場合では、介護サービスに対する満足感や、要介護度の進み方が異なってくることもあります。

親が支払い可能な資金の範囲でどのような住み替えが可能なのかの検討を、まだ親が元気なうちに行なうべきです。その検討に必要な情報をあなたが親に提供してあげることが、あなた自身の生活を守り、将来への備えにもなると認識してください。

そして、ある程度の方針が決まったら、次は支払い可能な資金の範囲で入居できそうな老人ホームや介護施設を複数見学することです。私自身、多くの老人ホームを見学していて思うのは、「高価なホーム＝いいホーム」とは言い切れず、また、「安いホーム＝悪いホーム」とも言い切れないことです。老人ホームはまさに玉石混淆の状態になっているので、判断能力の十分な元気なうちに、病気や介護に備えた住み替え先候補を、本人の目で確認してもらうことが重要です。

ここで老人ホームなどの一般にわかりにくい言葉の定義をしておきます。厚労省の定義によれば、老人ホームと名のつくものは、次に示す①から④の四種類あります。本書では、これらの①から④を総称して「老人ホーム」と呼ぶことにします。

①有料老人ホーム（介護付、住宅型、健康型）
②特別養護老人ホーム
③養護老人ホーム
④軽費老人ホーム（A型、B型、ケアハウス）

一方、厚労省の定義により、介護保険サービスが提供される「介護保険施設」は、次の三つです。

⑤介護老人福祉施設（特別養護老人ホームのこと）
⑥介護老人保健施設
⑦介護療養型医療施設

さらに、次の二つでも介護保険サービスが提供されます。

⑧介護付有料老人ホーム（介護保険サービス名称は特定施設入居者生活介護で、分類上は施設サービスではなく居宅サービス）

⑨グループホーム（介護保険サービス名称は認知症対応型共同生活介護で、分類上は施設サービスではなく地域密着型サービス）

ここで、「特定施設入居者生活介護」とは、介護保険法第8条11項に定められた介護サービスの種類の名称です。

本書では、これらの⑤から⑨を総称して「介護施設」と呼ぶことにします。

お気づきのように、②特別養護老人ホームと⑤介護老人福祉施設は同じものです。しかし、②は老人福祉法上の老人福祉施設としての名称であり、⑤は介護保険法上の介護保険施設としての名称なのです。

以降、本書での定義に従い、第1章では主に老人ホームについて説明します。介護施設については第8章で改めて説明します。

老人ホーム・ランキングはどの程度役に立つか？

とはいえ、近年増え続けている老人ホームや介護施設は玉石混淆状態。どれをどう選べばよいかさっぱりわからない、と思われる人も多いのではないでしょうか。こうした背景から、最近、老人ホームのランキングがいくつか出回るようになってきました。

しかし、これらのランキングは多少の参考にはなるものの、最終的な選択基準にはなり得ないと考えてください。その理由は、第一に評価データの信憑性が低いこと、第二に使用している評価指標がホームのサービスの質を十分に反映していないことです。

評価データの信憑性が低い理由は、次のとおりです。

①ランキングを作成しているところが、実際にすべての施設を直接調査しているわけではなく、アンケート調査か、ネット上の口コミをもとに評価しているため

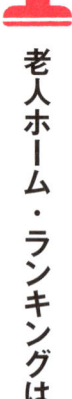

老人ホーム・ランキングはどの程度役に立つか？

1 多少の参考になるものの、最終的な選択基準にはなり得ない

理由1 評価データの信憑性が低いこと

理由2 使用している評価指標がホームのサービスの質を十分に反映していないこと

2 「すべての人が満足できる老人ホーム」はない

②アンケート調査では、施設側の記入者に情報の信憑性が委ねられ、虚偽の回答でないとしても、拙著『団塊・シニアビジネス 7つの発想転換』（ダイヤモンド社）で詳説したように、アンケート調査の信憑性には構造的な限界があるため

③ネット上での口コミでは、ネットが利用できる人からの一方的な情報提供となり、情報が偏りやすい傾向があるため

老人ホーム業界には、公開企業がほとんどありません。よって、経営情報を公開する義務がないため、施設から外部に開示される情報がそもそも少ないのです。少ない開示情報で施設内部の実態を把握するのは、外部者にとって容易ではありません。

また、少ないながら公開企業も存在しますが、そうした企業が開示している情報は、いわゆる株主向けの経営情報が主であり、入居を検討している人にとって知りたい「介護の質」や「施設の雰囲気」が把握できるような情報ではありません。

ランキングの評価指標は施設の質を反映していない

一方、使用している評価指標が老人ホームの質を十分に反映していない理由は、次のとおりです。

①たとえば、あるランキングでは、評価指標の一つに「看護・介護体制の充実度（看護職員および介護職員一人当たりの『特定施設入居者生活介護』の利用者数）」という指標を用いています。これは簡単に言えば、看護・介護スタッフ一人当たりの介護サービスを利用する入居者の人数です。

厚労省の基準では、介護付有料老人ホームの認定を受けるためには、この数値が三以下、つまりスタッフ一人当たり利用者数が三人以下でないといけないことになっています。多くの有料老人ホームでは、この数値が二・五以下となっており、パンフレット等にも記載されています。

たとえば、この数値が一・五と記載されていると、厚労省の基準に比べスタッフ数が倍になっており、看護・介護体制が充実しているように見えます。パンフレットで「手厚い介護」などと書かれている場合は、このように厚労省基準よりも低い数値になっていることが多いのです。

しかし、実はここに落とし穴があります。スタッフの人数が多くても、入居者すべてにとって「手厚い介護」になるかどうかはわからないからです。というのは、要介護度の重い人は軽い人よりも多くの手間がかかるため、先の数値が一・五であっても、入居者一人ひとりに「手厚い介護」を行なうのが容易ではないからです。

②また、別のあるランキングでは、評価指標の一つに「介護福祉士の介護職員に占める比率」があり、数値が大きいほど介護体制の充実に熱心なため評価が高くなる、という解釈がされています。しかし、これも必ずしもそうとは言い切れません。

端的に言えば、介護福祉士という資格を持った人の人数が多いことと、提供されるサービスの質や入居者満足度は必ずしも一致しないからです。

日本では、介護福祉士などの資格を持たない人でも介護スタッフになることができます。そもそも、資格を持たない人でも経験豊富で立派な介護スタッフはいくらでもいます。要は、資格の有無ではなく、その人の資質やスキル、人柄など介護サービスに従事する人間としての力量がより重要なのです。

このように、施設のサービスの質はスタッフの「ヒューマンスキル」に依存します。ヒューマンスキルは数値化しにくいため、数値化可能な指標だけでランキングしても、サービスの質が十分に反映されたランキングにはならないのです。

別な角度から言うと、実は「すべての人が満足できる老人ホーム」というものはありません。高齢者にはそれぞれ一人ひとりの人生の履歴があり、生活習慣も保有財産も価値観も異なります。だから、「満足できる老人ホーム」の定義は、多様であり、高齢者一人ひとりで異なります。

したがって、こうした老人ホーム・ランキングは、多少の参考にしてもよいですが、鵜呑みにせず、あくまで入居する人にとっての重要な評価指標や条件を絞り込み、優先順位づけをしたうえで、実際に自分の目で確かめることが何よりも大切なのです。

安心して入れそうな老人ホームの評価ポイントとは？

前述のとおり、「すべての人が満足できる老人ホーム」というのはありません。しかし、「ここなら安心して入れそう」と判断できる評価ポイントがあります。それは、①施設長の能力、②介護リーダーの能力、③入居率、④施設の雰囲気、⑤入居者と家族の評価です。

1 施設長の能力

老人ホームという商品は、見学会などでは、建物や設備といった「ハード」に目が向きがちですが、肝心なのは食事や入浴、介護サービスなどの「ソフト」の質です。このソフトは、そのホームが提供するメニューによりますが、そのメニューの質は運営するホームの「スタッフの質」に大きく依存します。このスタッフを活かすも殺すも施設のトップである施設長の力量次第なのです。

ですから、ホーム見学の際は、必ず施設長に直接会って、ホーム運営に対する考え方をじっくりと聴き、その人の人間観や人柄を知ることが極めて重要です。

私は、これまで日本の老人ホーム・介護施設だけでなく、海外の老人ホーム・介護施設も数多く訪れました。それでよくわかったのは、国が異なっても、施設長が優れているところは、例外なく施設に活気があり、雰囲気もよく、したがって経営もうまくいっているということです。

老人ホームは、コストのおよそ五〇から七〇パーセントを人件費が占める労働集約産業です。したがって、そこに働くスタッフが一丸となってやる気満々でいきいきと働けるか、そうでないかによって、ホームの雰囲気だけでなく、ホームの経営にも雲泥の差が出ます。ホーム経営の要は、あくまで施設長なのです。

なお、老人ホームによっては、施設長という呼び方をせずに、「ホーム長」や「支配人」という呼び方をしているところもあります。

2 介護リーダーの能力

ホーム経営の要は施設長であり、施設長が優れていれば、そのホームの運営は、おおよそうまくいくと言ってよいでしょう。しかし、規模が大きめで、スタッフ数が多くなると、いくら施設長が優れていても、現場レベルでは入居者への対応がうまくい

安心して入れそうな老人ホームの評価ポイントとは？

1. 施設長の能力
2. 介護リーダーの能力
3. 入居率
4. 施設の雰囲気
5. 入居者と家族による評価

っていないケースもあります。

こうした現場レベルでのサービスの質をチェックするには、「現場のリーダー」の力量を知ることです。そのためには介護棟であれば、フロアリーダー、または介護サービス部門のリーダーに直接会い、そのホームにおける介護サービスの考え方、認知症の人への対応方法などを聴くことが役に立ちます。

この際に重要なのは、介護リーダーと他の介護スタッフとの人間関係がうまくできているかの確認です。こうした確認は短時間の見学では難しいので、体験入居をできれば数日行ない、リーダーと他のスタッフとのやりとりを観察するとわかるようになります。

3 入居率

老人ホームの質を評価するための尺度は数多くありますが、そのなかでも最もわかりやすいのは入居率です。入居率は、そのホームの定員（全戸数）に対して何人（何戸）入居しているかの割合です。

一般に入居率が七〇から八五パーセント以上であれば、施設の経営上は問題ありません。入居率が常に八五パーセント以上で安定しているところは、仮に入居者の死亡などで欠員が生じてもすぐに新規の入居者があります。これは「あそこなら安心だ」という評判が潜在入居者のなかでできあがっているからです。

逆に、開所後二年以上経過して入居率が五〇パーセント以下だと、その施設単体での経営は苦しいので、経営母体に体力がない場合は要注意です。「客の入っていないレストランには入るな」というのと同じです。

見学に行った際、「このホームの入居率はどの位ですか？」と確認してみてください。その質問に即座にきちんと答えられないところは、入居率が低いからだと考えて注意してください。

入居率は、「重要事項説明書」にも記載されています。ちなみに、重要事項説明書とは、施設の内容や料金制度、職員の勤務体制などが詳細に記載された書類です。

4 施設の雰囲気

老人ホームは、価値観や性格の異なる人たちとの集団生活の場となります。しかも、それが多くの場合、終身亡くなるまで続くことになります。したがって、その「場の雰囲気」がどのようなものであるか、入居する人（あなたの親）にとって、相応しいものであるかどうかの見極めが重要となります。

この見極めを見学会のような短時間で行なうのは、現実にはなかなか難しいので、できれば入居を検討している人ご自身で体験入居を数日間（できれば、最低四日程度）行なって体感するのが一番です。

とはいえ、四日間の体験入居を多くのホームで行なうのも現実には大変なので、やはり見学したときに、だいたいの雰囲気を把握することが必要でしょう。そのためには、現場のスタッフや、すでに入居している人、できれば入居者の家族との会話の機会を多く持つことが最も役に立ちます。

たとえば、ある程度の水準のホームでは、外来客がある場合、きちんと応対するように訓練されているので、あなたが見学に行けば、「こんにちは」「いらっしゃいませ」などの挨拶は必ずされるでしょう（こうした挨拶をきちんとしないようなホームは、そもそもマネジメントに難があるので問題外です）。

このときに、スタッフの表情、声色、動作全体に注意してみてください。「ようこそいらっしゃいました」と感謝の気持ちを込めて行なっているのか、「こっちは忙しくてそれどころじゃないんだよ」と心の中で思いながら形式的・義務的に行なっているのかはわかるもので、同じ挨拶の言葉からでも、その施設のマネジメントの状態が透けて見えます。短時間の見学で施設サービスの質を把握するには、内装や設備などのハードに目を向けるよりも、スタッフとの会話の機会を多く持つことの方がはるかに役に立ちます。

また、スタッフ同士が、どのようなコミュニケーションの仕方をしているかに目を配ることも重要です。見学会などで来客があるときは、顧客の前では愛想よく振る舞っていても、スタッフ休憩室や喫煙室など顧客から見えないところでは、つい自然の姿が出てしまうものです。機会があれば、こうした「リラックス空間」も観察してみるとよいでしょう。

5 入居者と家族の評価

老人ホームという商品は、基本的に「口コミ商品」です。したがって、その老人ホームの評判を知りたければ、すでに入居している方やその家族、あるいはそのホームのある場所の周辺に住んでいる人から話を聞くのが大変有益です。また、そのホームの出入りの業者の人に訊ねてみるのも、一つの方法です。

老人ホームは、建物や設備などの「ハード」に、食事や入浴サービス、介護サービス、アクティビティなどの「ソフト」が乗っかったものです。そして、この「ハード」と「ソフト」の価値は、ホームのスタッフと入居者との「集合的な交流・活動」によって初めて生み出されるものです。

したがって、まだ入居者のいない、あるいは入居者が少ないホームの内覧会や見学会に行っても、その価値は決してわかりません。入居を前提とした見学の場合は、ある程度入居率の高いところに行かないと意味がないと認識してください。

マスメディアに頻繁に広告を出しているところは要注意

一方、テレビや新聞などのマスメディアで頻繁に広告を打っているところは、避けた方が無難でしょう。というのは、こういうホームは、基本的に入居率が低いところだからです。人気があり、評判のよいホームは、マスメディアに広告を出すことは、まずありません。人気のあるところは、概して営業力もあるので、マスメディアに頼りません。

逆に言えば、マスメディアに頻繁に広告を出しているところは、営業力が弱く、大した顧客基盤も持っていないところです。何よりも経営者が、老人ホームは本質的に「口コミ商品」であるという認識が低いこともマスメディアに頼りたがる理由です。

現場のリーダーが優れているところを選ぶ

また、取材以外で、やたらと経営トップがメディアに露出するところも要注意です。こういうところの経営トップは、社外向けのアピールをメインの職務にしているようで、肝心の老人ホームの経営がおざなりになって、スタッフのマネジメントがうまくいっていないことがよくあります。

さらに、伝統的大企業の子会社が運営している老人ホームでは、経営トップが必ずしもそのホームの質を「代表」しているとは言えません。というのは、こうしたホームの経営トップは大抵親会社から出向してきた人であり、数年で親会社に戻るため、老人ホームの経営に本気で取り組む人はほとんどいないからです。

前述のとおり、老人ホームの選択において重要なのは、経営トップよりも、入居を検討する個別のホームの施設長や現場の介護リーダーの能力や人柄です。むしろ、現場たたき上げのプロパー社員の方が、責任感も強く、入居者の立場では、こういう現場スタッフの方が入居後に頼りになるのです。

入居後に多いトラブルは途中退去に関すること

入居後のトラブルで特に多いのは、①入居後、終身住み続けるつもりだったのに健康状態の悪化に伴い途中退去を求められることによるトラブルと、②その際に返還される「入居一時金」の返還金額が予想よりも少ないことによるトラブルです。

入居後、途中退去する場合にトラブルが多い理由は、端的に言えば、入居契約時の「契約条件」の確認が十分でないからです。

途中退去する場合の条件は、「重要事項説明書」と「契約書」には必ず記載されており、契約時に必ず説明を受け、契約条件の承諾を確認したうえで、契約書に捺印する手順を踏んでいるはずなのです。にもかかわらず、トラブルになるのは、ホームスタッフによる説明不足と入居者側の思い込みが原因です。

有料老人ホームによっては、入居者の健康状態が悪化し、数か月以上の入院治療が必要な状態になると、退去してもらう条件になっているところがあります。その理由は、有料老人ホームは、基本的に病院ではないためです。介護付有料老人ホームの場合は、その名のとおり、介護をするのもサービスなのですが、入居者の健康状態が悪化し、医療行為が必要になってくると、ホームのスタッフでは法的にも対応ができなくなるのです。

たとえば、「たんの吸引」という行為は、医療行為であり、これまでは条件を満たした特別養護老人ホームなどでしか例外的に認めていませんでした。今後は専用の研修を修了した介護福祉士やホームヘルパー、保育士らが、訪問介護事業所やグループホーム、老人保健施設、障害者施設などでもできるように法制化する方向になりました。将来は、有料老人ホームでもできるようになるかもしれません。

しかし、有料老人ホームは病院ではないのです。にもかかわらず、パンフレットに「三六五日二四時間看護師が常駐」、「提携医療機関からの医師の定期往診」、「安心の健康サポート体制」などの言葉を掲げていることが多いため、入居者側があたかも病

入居後に多いトラブルは途中退去に関すること

1 入居後、終身住み続けるつもりだったのに健康状態の悪化に伴い途中退去を求められることによるトラブル

2 その際に返還される「入居一時金」の返還金額が予想よりも少ないことによるトラブル

トラブルを予防するには？

1 健康状態の悪化に伴い、退去しなければならない条件があるかどうかをよく確認する

2 退去に伴う入居一時金返還のルールを入居前によく確認する

3 「重要事項説明書」「契約書」の内容をよく確認する

院のように対応してくれるかのように思い込んでしまいがちなのです。ホーム側は決して嘘をついているわけではないのですが、入居者側の期待感をあおる、こうした表現は誤解されやすいと言えましょう。

老人ホーム業界特有の「償却」という仕組み

また、多くの有料老人ホームでは、入居時に「入居一時金」を徴収する仕組みになっています。入居一時金は、賃貸マンションなどの「敷金」や「保証金」とは異なります。介護型では概ね五年分、自立型では概ね一五年分の家賃を「前払い分」として入居時に納めるものです。

この入居一時金は、「償却」という業界独特の商慣習により、ホーム側の収入として回収されていきます。「初期償却」といって、入居時に一時金の一五から三〇パーセント程度が回収され、残りが上記の年数の間に回収されるのです。このため、途中退去の場合、返還される入居一時金は、支払った金額よりも少なくなります。償却期間を過ぎてから退去する場合は、入居一時金は一円も返還されません。

こうした仕組みの説明も、多くの場合、先の重要事項説明書や契約書に記載されており、それを承諾のうえ、契約を結んでいることになっているはずなのです。ところが、いざ、途中退去の段階になると、思っていたより返還金が少ないと感じてトラブルになることが多いようです。

入居前の「重要事項説明書」の確認がカギ

あなたの親をこうしたトラブルから防ぐためには、まず、親の入居前に重要事項説明書や契約書を「あなた自身」がよく読んで、疑問点は契約前にすべて解消しておくことです。そして、親がどのような健康状態になった場合に、退去しなければいけないのか、あるいは、退去する必要がないのかを契約前によく確認することです。

さらに、入居後に途中解約した際の入居一時金の返還額も、できれば表やグラフに記載されたものを入手できるようにホーム側に依頼することです。こうすることで、少なくとも途中退去に関わるトラブルは、かなり減らせるはずです。

通常、ホーム側は、これから入居しようとする人に、わざわざ途中退去の場合の入居一時金の返還額がいくらになるかを事細かに説明することはありません。しかし、事前に双方ではっきりと合意しておけば、たとえ、途中退去せざるを得ないときでも、トラブルになる確率は小さくなるので、本来ホーム側もこうした説明に時間を割くことは有益なはずです。

また、入居前に注意した方がよいのは、どこまでのサービスが月間費に含まれているのかの確認です。パンフレットや料金表を見た限りでは支払い可能な金額だと思っていたのに、入居してから必要なサービスを注文したら、追加料金が多く発生し、「こんなはずじゃなかった」という場合が少なからず見られます。ホームによっては、基本料金は安いのに、実際に必要なものを加えていくと、基本料金の倍以上になるような例も見られます。入浴回数や入浴方法なども、特にクレームが出やすいので事前の確認を徹底した方がよいでしょう。

「医療機関との連携」については実態を確認する

さらに、最近は医療機関との連携がホームの売りとなっていますが、具体的に「どのような連携」が当該医療機関となされているのか、よく確認した方がよいでしょう。私が知る限り、「医療機関との連携」ということをパンフレットやホームページに掲載したいために、実質名前だけの連携のところが多いようです。つまり、「医療機関との連携」とうたっていても、その医療機関が連携先の老人ホームの入居者を特別扱いしてくれることはほとんどないと思った方がよいでしょう。

総じて老人ホーム選びは、入居する本人（あなたの親）の健康状態が悪くなってから家族があわてて探し、決定することが多いのです。それが、こうした契約条件の詳細な確認が不十分になる理由です。したがって本来は、できるだけ親の健康状態がよい、元気なうちにある程度納得のいくところを時間をかけて探しておくべきなのです。

老人ホームにマジックはありません。入居する側もホームのパンフレットやホームページの美辞麗句に惑わされず、過度な期待をしない方が無難です。

なぜ、償却年数は自立型で15年、介護型で5年なのか？

そもそも、なぜ、有料老人ホームの入居一時金の償却年数は自立型で一五年、介護型で五年なのか、疑問に思われる方もいらっしゃると思います。この年数は、端的に言えば、入居から退去までの期間の「平均年数」のホーム側の期待値なのです。たとえば、自立型で一五年というのは、入居後の残存寿命が一五年であると設定され、家賃の先払い分がゼロになる時点が退去時期、つまり死亡時期であるとされているのです。

アメリカでは、広く普及しているアメリカ版老人ホームCCRC（Continued Care Retirement Community：継続介護付リタイアメントコミュニティ）において、現在でも大半が「入居一時金・月間費による利用権方式」を採用しています。この方式では、入居一時金を払えば、たとえ入居後に要介護状態になっても、追加費用がほとんど不要で終身入居可能です。このため、CCRCは、介護保険が組み込まれた住宅商品のようなものであり、国による公的な介護保険制度のないアメリカでは、CCRCに移り住んで後半生を送る高齢者が大勢います。

一方、日本で有料老人ホームという名称が一般的な商品名として使われはじめたのは、社会福祉法人・聖隷福祉事業団が一九七三年に開設した「浜名湖エデンの園」が最初と言われています。浜名湖エデンの園は、当時の厚生省の指導のもとで、アメリカで普及していた「入居一時金・月間費による利用権方式」による料金体系を導入したと言われています。それ以来、この方式は日本でも業界標準的なものとなり、現在でも多くの有料老人ホームの料金体系の主流となっています。

40年前と変わっていない償却年数の不思議

ところが、興味深いのは、四〇年近く前に設定された自立型一五年、介護型五年という償却年数が、いまだに続いていることです。

厚労省の簡易生命表によれば、一九七三年の六五歳の人の「平均余命」（その年齢からの平均残存寿命）は、男性が一三・二二年、女性が一六・一〇年でした。有料老人ホームは、入居開始年数の下限が六〇歳から六五歳程度の場合が多いので、一九七三年当時に償却年数を一五年と設定したのは妥当と言えましょう。また、介護型の償却年数を五年と設定した理由も、要介護状態になってからの平均余命を勘案したものと思われます。

ところが、二〇〇九年の六五歳の人の平均余命は、男性が一八・八八年、女性が二三・九七年となり、一九七三年に比べて男性が五・六六年、女性が七・八七年も伸びているのです。にもかかわらず、有料老人ホームの償却年数は四〇年近く前と変わっていません。

実は、私にはこれがなぜなのかがよくわかりません。比較的早い時期から有料老人ホーム市場に参入してきたところは、前述の償却年数でも、実際の入居者の余命年数よりも長かったので、経営上あまり支障がなかったものと思われます。これに対して、二〇〇〇年四月の介護保険制度開始を機に市場参入してきたところの大半は、単に既存の業界慣習にならって、自立型一五年、介護型五年という償却年数を踏襲してきたように思われます。

いま、「償却切れ」入居者が増えている

平均余命の伸びは、償却年数を超えて生存し続ける入居者の割合が確実に増えるということを意味します。償却が終わることを業界用語で「償却切れ」と言います。入居年数が長い入居者が多い有料老人ホームは、この償却切れを起こしている入居者の割合が多くなります。特に一九九〇年前後のバブル経済期に開設された自立型ホーム

には、この償却切れ入居者が多く存在しています。そして、償却切れ入居者の割合が高くなると有料老人ホーム経営を圧迫する可能性があります。

正確に言うと、償却切れ入居者が多いことが直ちに問題になるわけではありません。償却して回収した分の収入が、老人ホームの収入のうちのどれだけの割合を占めるのかで、問題の深刻さが決まります。

実は、有料老人ホームのなかには、この償却回収収入がないと収支が赤字になるところが少なからず存在します。こういうホームでは、入居者から毎月支払われる月間費収入よりも支出のほうが多いためです。

支出が多くなる理由としては、ホーム建設時の初期投資額が大きいために利子も含めた借入金の返済額が多い、食事にお金をかけている、施設・設備のメンテナンス費が大きい、スタッフ数が適正でなく人件費が多い、などの理由が考えられます。

有料老人ホームの価格相場はいかにして形成されたか？

こうした月間費収入ベースで赤字の場合、この赤字分を埋め合わせるために、償却回収収入を組み入れるのです。別の言い方をすれば、高額な入居一時金が取れるのなら月間費収入ベースで赤字でもよし、としたわけです。二〇〇五年頃までに流行した「ホテルのようなスタイル」の高級有料老人ホームは、まさにこの典型と言えましょう。

月間費収入ベースで赤字になるのは、前述のような経営上の理由が大きいのですが、もう一つの重要な理由は、月間費を徴収できる価格に「上限」が存在するからです。この上限は入居者の「月間可処分所得」で決まります。

有料老人ホームの入居者は、概ね六五歳以上の高齢者です。二〇〇八年の厚労省「国民生活基礎調査」によれば、高齢者一人当たりの平均年間所得は一九二・四万円で、月当たりでは一人平均一六万円となります。この年間所得の七〇パーセントが、公的年金と恩給です。

これらの所得で不足の場合、貯蓄を取り崩すなどで賄うことで、月間可処分所得は平均一八万円から二二万円程度になります。これが、入居者が毎月支払い可能な金額の上限です。有料老人ホームの月間費は、この上限値以下にせざるを得ません。このように、有料老人ホームの月間費は、入居者の可処分所得という「市場価格」で決まっているのです。

一方、二〇〇八年の総務省「家計調査」によれば、日本の高齢者の「正味金融資産」(貯蓄から負債を引いたもの)は、二二九一万円で、年齢別では最も高額です。このうち、貯蓄残高が四〇〇〇万円以上の割合が一七・一パーセントであり、全世帯の一〇・四パーセントに比べて大きくなっています。また、持ち家率も七〇歳以上で九二・一パーセントと年齢別では最も高くなっています。

このように日本の高齢者の資産・所得の特徴は、貯蓄や持ち家などの資産は多いが、所得が少ない「ストック・リッチ、フロー・プアー」なのです。これは、日本人にはサラリーマン世帯が多く、退職後の所得も公的年金に依存する人の割合が多いことに起因します。この結果、有料老人ホームに入居する高齢者は、一般に入居一時金は多少高額でも支払えるものの、毎月の月間費は年金ベースの可処分所得以下でないと支払えないということになります。有料老人ホームの価格体系は、この日本人の平均的資産・所得構造を反映して形成されてきたのです。

なぜ、有料老人ホームで価格破壊が進んだのか？

しかし、高額だった一時入居金の相場も、数年前から下がりはじめました。特に二〇〇八年のリーマンショックを機に広がった金融危機をきっかけに、大幅に価格破壊が進みました。介護型ホームでは、入居一時金がゼロのものも出現しています。

価格破壊が進んだ直接の理由は、供給過剰による販売競争の激化と景気低迷による高齢者の買い控えが広がったことです。しかし、もっと根本的な理由は、かつて、「スマートシニア」と私が命名した、ネットを縦横に活用して情報収集し、積極的な消費行動を取る先進的な高齢者が確実に増えたためです。

以前は、ある高級老人ホーム運営会社が、朝日新聞や日経新聞に全面広告で無料説明会の案内を出すと、定員六〇〇名のところ、倍の一二〇〇名程度は即座に集まりました。そして説明会の最後に入居希望のアンケート調査を行なうと、最低でも五〇名程度が入居申し込み欄にサインをしたものでした。

ところが、二〇〇六年頃を境に、様子が変わってきました。無料説明会に参加しても、その場で入居申し込みをする人が激減していったのです。高額な新聞広告を打ち、高級ホテルを借り切って、豪華な無料説明会を催し、大勢の人が集まっても、参加者がすぐに入居を申し込むことはなくなりました。

なぜでしょうか？　こうした説明会に来る人は、事前にネットでわかる限りの情報を集め、他の施設を数多く見学し、知人から口コミ情報を得たうえでやって来るようになったのです。三〇から四〇件以上の施設を事前に見学し、施設パンフレットをコレクションにする人も現れました。なかには、体験入居をする際にデジタルカメラを持参し、夜中の一時という運営体制が最も手薄になる頃の状況を写真に収めるという〝つわもの〟も現れました。こうした変化が、スマートシニアが増えたということの具体的な例です。

有料老人ホーム市場は、二〇〇〇年四月の介護保険制度導入を境に大きく変化しました。制度導入前は、ごく限られたお金持ち向けの高級なものしかありませんでした。しかし、制度導入後は多くの異業種から新規参入が相次ぎ、二〇〇八年の政府による社会福祉施設等調査によれば、二〇〇〇年にわずか三四九施設だったホーム数が、二〇〇八年には三四〇〇施設と一〇倍近くにまで急増しました。二〇一〇年には、五一〇〇施設を超えると言われています。

ところが、商品をじっくり吟味して衝動買いをしないスマートシニアが増えたため、常に供給過剰となっています。これが、有料老人ホーム市場で急激な価格破壊が起きた根本的な理由なのです。

親の自宅を賃貸に出すことも検討する

このように、最近は入居一時金の低額な有料老人ホームが増えています。ひと昔前のように自宅を売却して入居一時金を工面しなければならないケースは減っています。そのため、入居時の費用は手持ちの貯蓄を充て、自宅を賃貸に出して、家賃収入を得て施設の月間費に充てる人もいます。家賃収入があれば、公的年金だけでは月々の費用を支払うのが難しい価格の施設でも、入居先候補になります。

たとえば、移住・住み替えを希望している五〇歳以上の人の自宅を借り上げ、子育て世代を中心に転貸する「マイホーム借り上げ制度」という制度が「一般社団法人・住み替え支援機構」によって運営されています。自宅を活用して、老人ホームに住み替えることも、ぜひ検討してみてください。

ここがポイント!

老人ホームの情報収集を行なう

1 日本人の約８割は年を取っても「住んでいる自宅に住み続けたい」と思っていますが、現実にはそうできるとは限りません。親が元気なうちに備えておくことが必要です。

2 その理由は、元気だと思っていた親がいったん要介護や寝たきり状態になると、半数の人が３年以上寝たきりになり、あなたの生活が激変する可能性が大きいからです。

3 老人ホーム・ランキングは鵜呑みにせず、入居する人にとって重要な評価指標や条件を優先順位づけしたうえで、実際に自分で確かめることが重要です。

4 「ここなら安心して入れそう」と判断できる評価ポイントは、①施設長の能力、②介護リーダーの能力、③入居率、④施設の雰囲気、⑤入居者と家族の評価です。

5 入居後のトラブルで特に多いのは、①健康状態の悪化に伴い途中退去を求められることによるものと、②「入居一時金」の返還金額が予想よりも少ないことによるものです。

6 あなたの親をこうしたトラブルから防ぐため、親の入居前に重要事項説明書や契約書を「あなた自身」がよく読んで、疑問点は契約前にすべて解消しておくことです。

相続トラブルを予防する

老人ホームの情報収集を始めたら、次に重要なことは、親が「遺言書（いごんしょ、ゆいごんしょ）」の重要性を認識することです。その理由は、親が遺言書を遺すことで、親の死後の相続トラブルをある程度予防できるからです。

「親が遺言書の重要性を認識すること」という表現は、まどろっこしく聞こえると思います。このまどろっこしい表現の理由は次のとおりです。

遺言は民法で規定される法律行為のうちの「単独行為」（単独の意思表示を要素とする行為）です。つまり、遺言書を作成するのが親の場合、あくまで「親単独」で行なう法律行為なのです。

このため、子供が親に遺言書作成を働きかけたり、強制したりすることによって、親が遺言書を作成するというのは遺言書の趣旨に合わないのです。

その一方で、遺言書がないために親の死後に相続トラブルが発生した場合、迷惑す

親が遺言書を遺すメリット

1 親の死後に遺産分割協議を行なう必要が少なくなり、相続人同士での揉めごとが起こりにくくなること

2 親の死後に遺族が親の口座から預金を下ろせるようにできること

3 相続手続きをなるべく簡単にし、残された親族への負担を少なくできること

るのは残された子供などの相続人です。

しかし、繰り返しになりますが、親の遺言書は、親単独の意思表示であり、子供の意思を反映させる趣旨のものではないのです。

したがって、これらを踏まえると、親が遺言書の重要性を認識し、「自らの意思で」死後の相続トラブルが起こりにくい内容の遺言書を遺すことが望まれます。

ここでは、まず、トラブル予防の観点から、親が遺言書を遺すことでどんなメリットがあるのかを説明します。

相続は遺言書が優先する

親が遺言書を遺すことの第一のメリットは、親の死後に遺産分割協議を行なう必要が少なくなり、相続人同士での揉めごとが起こりにくくなることです。

こういうと「ウチの家族は仲がいいので、相続で揉めごとなど起こりっこない、大丈夫」、「遺言書って、金持ちの人の話でしょう？　私の親はどうせ大した財産を持っていないので、遺言書なんて必要ないよ」と思われる方も多いでしょう。しかし、現実には親の生前には円満だった家族や、親がそれほどお金持ちでない家族間でも遺言書が遺されていなかったために、揉めごとになることも少なくありません。

相続については、まず遺言書が優先します。遺言は、その人が死ぬと同時に、身分上あるいは財産上の事柄について、法的効力を発生させようとする意思表示だからです。

ところが遺言書がないと、民法の定める「法定相続分」で相続することになります。そして、遺産はいったん、相続人の「共同所有」となります。しかし、そのままでは各相続人単独の所有財産とはなりません。相続人が遺産を相続しても、それをいつまでも共有状態にしておくと、財産の管理・利用・処分のうえでさまざまな障害が生じます。

そこでこの共有状態を解消し、相続財産ごとにその取得者を決めるのが、「遺産分割」です。基本的には相続人同士が全員で話し合って、誰がどの財産をもらっていくかを決めることになっています。この話し合いを「遺産分割協議」と言います。

「遺産分割協議」が揉めるきっかけになる

このように、遺言書がないと残された親族間での「遺産分割協議書」の作成が必要となります。また、遺言書があっても遺産分割方法についての指定がない場合は遺産分割協議が必要です。しかし、これが揉めるきっかけになるのです。後で詳細を述べますが、遺産分割協議書には「法定相続人」全員分の実印と印鑑登録証明書が必要です。このため、作成する遺産分割協議書には法定相続人全員が合意する必要があります。

ところが、これがなかなか容易ではありません。特に、相続人同士の家族関係が複雑だと大変です。これまでほとんど顔を合わせたことのないような親族が突然現れてきたうえ、そうした人々と意見がぶつかり、協議が難航し、時間がかかります。

また、土地・建物などの不動産以外に財産がない場合に特に揉めやすくなります。なぜなら、遺言書がないと法定相続分どおりに分割しなければなりませんが、実際には不動産は簡単に分割できないためです。

相続争いはお金持ちだけの問題ではない

遺産が全部現金、銀行預金、株式などの分割可能なものであれば、相続人の相続分に応じて分割することができます。しかし、現実には遺産が現金や分割可能なものだけというような場合はまれです。ほとんどの場合、遺産は土地であったり、家であったり、自動車であったり、時計であったり、千差万別です。相続分の数字どおりにきれいに都合よく分けられるようになっていません。これが、親が不動産以外に大した財産を持っていない場合に、揉めやすくなる理由です。

さらに、財産がない人ほど争う傾向があり、こうした人は、二、三〇〇万円の相続で争うこともあります。このように相続争いは、お金持ち家族だけの問題ではありません。

近年こうした揉めごとが増えているのは、経済的な理由からです。四〇代や五〇代になって失業や離婚など若い頃には自分が思ってもみなかった状況になった人、老後は年金での円満生活を予想していたのが当てにできなくなった人……こういった人が増えているのです。こうした人は、いまさら新たな収入源も当てにできず、頼るのは親の財産ということになります。

遺産分割協議で、相続人の間で主張が対立したまま合意できないと家庭裁判所での調停や審判にまで発展します。こうなると、解決までに長い時間がかかるだけでなく、親族間の人間関係にしこりが残る場合もあります。

このように、親の死後の親族間のトラブル予防の面から遺言書は不可欠と言えましょう。

家族でも亡くなった親の口座からお金を下ろせないことがある

親が遺言書を遺すことの第二のメリットは、親の死後に遺族が親の口座から預金を下ろせるようにできることです。

地方では、一般人でも亡くなると翌日の地元の新聞の訃報欄、いわゆるお悔やみ情報に掲載されます。地方の銀行は、地元紙の訃報欄を毎日丹念にチェックしています。また、外回りの行員が葬儀の情報を得たり、口コミで死亡情報を得たりしています。このため亡くなった翌日には、その人の口座は「支払い停止」になる可能性が大きいのです。

口座が支払い停止になると、「預貯金を（親族の）○○に相続させる」という遺言書がなければ、相続人の間での遺産分割協議がまとまらない限り、たとえ家族でも亡くなった親の口座からは一円もお金を下ろせなくなります。すると、その間の生活費が不足し、残された家族が日々の生活に困ることになります。ただし、一部の銀行では、葬式代は下ろせる場合もあります。また、銀行によっては遺産分割協議書がなくても相続人全員の印鑑、戸籍謄本、印鑑証明書があれば支払いに応じてくれるところもあります。

伊丹十三監督の有名な映画「お葬式」では、父が亡くなった後、息子の妻がマネージャーに預金通帳と印鑑を渡し、葬式費用を下ろす依頼をするシーンがあります。この映画が製作された当時（一九八四年頃）は、預金通帳と銀行届け出印鑑があれば、このようにして第三者が預金を下ろすことが容易にできました。しかし、「本人確認法」施行以来、金融機関等では本人以外は家族であっても預貯金が簡単に引き出せなくなりつつあります（ちなみに、「本人確認法」は、「犯罪による収益の移転防止に関する法律」の制定に伴って廃止されましたが、本人確認に関わる内容はすべて引き継がれています）。

なお、都市部では新聞の訃報欄に掲載されるのは、ごく一握りの人です。このため、都市部の銀行では、申し出がない限り口座保有者の死亡情報は把握していません。都市部では銀行に申し出をしない限り、死亡した人の口座が支払い停止になりにくいと言えます。

一方、遺産分割協議がすんなりとまとまったとしても、法定相続人の数が多ければ必要な書類を揃えるのに手間と時間がかかります。必要な書類は、①死亡した親の出生からすべての戸籍謄本と除籍謄本、②法定相続人全員の捺印済みの遺産分割協議書、③法定相続人全員の印鑑証明書です。

さらに、遺言書があっても、それが「自筆証書遺言（自筆で書いたもの）」だと、死後に家庭裁判所による「検認」が必要なため、最低でも一か月程度の時間がかかります。この点からも遺言書は、後述する「公正証書遺言（公証役場で作成・保管するもの）」で作成する方が望ましいのです。

遺言書は残された親族への負担を減らす

親が遺言書を遺すことの第三のメリットは、相続手続きをなるべく簡単にし、残された親族への負担を少なくできることです。

遺産分割協議が終わると、それをもとに、残された親族によって亡くなった親が取引していた金融機関の口座やクレジットカードの解約・名義変更、不動産の相続登記をする必要があります。この作業だけでもやっかいなのですが、相続人の数が多くなると手続きはさらに煩雑になります。

相続手続きをするのにさまざまな書類が必要です。それは、①死亡した親の出生からすべての戸籍謄本と除籍謄本、②相続人全員の戸籍謄本・住民票・印鑑証明書、③不動産の登記簿謄本・評価証明書などです。こうやって書き出すと簡単なように見えますが、実際にはこれらを揃えるためには多くの手間と時間がかかります。

相続人は、役所や金融機関に何度も足を運ばなければなりません。また、遺産分割協議を目的にした他の相続人との打ち合わせのために多くの時間を取られます。

たとえば、自分が茨城に住んでいて、別の相続人が福岡や札幌に住んでいる場合、これらの人たちと面談打ち合わせをするだけでも大変な時間がかかります。同じ関東に住んでいたとしても、千葉県の我孫子に住んでいる相続人が、神奈川県の鎌倉に住む別の相続人と協議するためには、ドア・トゥ・ドアで片道二時間程度の移動が必要です。相続人が海外に住んでいる場合は、さらにやっかいになります。

会社勤めをしている人は有給休暇を取ったり、休日をそのために費やしたりする必要があります。このため、遺産分割協議が長引くと、かなりの肉体的・精神的負担を負うことになります。また、移動のための宿泊交通費や連絡・調整のための通信費もばかになりません。一方、弁護士などの専門家にこうした作業を依頼すれば、自分の作業は減りますが、それなりの費用負担が発生します。

以上の三つのメリットにより、残された家族や親族、大切な人に、相続などの死後の作業で大変な思いをさせないために、遺言書は不可欠なのです。

遺言書の目的は、親と残された親族の双方がハッピーになること

前述のとおり、遺言は民法上の単独行為であり、遺言書の本来の目的は、それを遺す人の単独の意思表明です。このことを十分理解したうえで、私は敢えて、親が遺言書を遺すもう一つの目的は、親自身と残された家族の双方がハッピーになることだと考えます。

ただし、どうか誤解しないでください。親が遺言書を遺すのは、あなたが他の相続人よりも少しでも有利な条件で親の遺産相続を受けられるようにするためではありません。

前述のとおり、近年の経済状況の悪化から、親の財産を当てにして、少しでも自分が有利に親の遺産を相続できるように、親に遺言書作成を働きかけたり、後で説明する「任意後見契約」を結ばせて悪用したりする〝由々しき子供〟が残念ながら増えて

います。もし、読者のなかで、そうしたことが目的で本書をお読みになっている場合は、時間の無駄になりますので、直ちに読むのをやめることをお勧めします。本書は、そういう目的で執筆していないからです。本書は、親が単に遺言書の重要性を認識せずに、何の悪意もなく、遺言書を遺さずに亡くなることで、残された親族が被る無益な心労や時間の浪費を減らすためのものです。

人生は長いようで短い。若い頃に比べて中高年になると、特に時間の経つのが早く、時間が貴重に感じてくるのではないでしょうか。限りある時間をいかに有意義に使うか。このことを思えば、本来やらなくともよい無益な揉めごとや事務手続きは最小限にとどめ、その分の時間やお金やエネルギーを本来やりたいこと、やるべきことに振り向けられるのが、人間として幸せな生き方なのではないでしょうか。

この意味において、遺言書を遺す親も同じでしょう。亡くなる前に気持ちの整理をしておきたいことや解決しておいた方がよいことを、元気なうちにできるだけ解決しておけば、後は安心して残された時間を楽しんで生きていけるのではないでしょうか。

親が遺言書を遺すことのもう一つの目的は、あくまで親自身とあなたを含む家族の双方が有意義な人生を送れるようになることだと思うのです。

家族に責任を持つようになったら誰もが必要な遺言書

実は一五歳以上の人なら、誰でも遺言書を書くことができます。民法961条に「十五歳に達した者は、遺言をすることができる」と定められているからです。

しかし、現状日本では前述の遺言書の重要性・有効性がまだ世間一般には認識されていません。「遺言書はお金持ちのもの」、「必要かもしれないけど、まだいまは書かなくてよい」、「ウチの家族は仲がいいので、遺言書など必要ない」など、遺言書に対する誤解も多く、遺言書を書く習慣がまだ一般化していません。

家族や親族に責任を持つ立場になったら、本来七〇歳以前のなるべく早いうちに遺言書を書くことが望ましいのです。というのは、私たちは、自分がいつ死ぬかを予測できないからです。

日本人の平均寿命は、二〇〇九年現在で女性が八六・四四歳、男性七九・五九歳で世界トップクラスです。しかし、これらはあくまで過去亡くなった人の「平均値」であり、あなたの親やあなた自身が、今後いつ亡くなるかは誰にも予測ができません。

プロ野球・巨人の木村拓也コーチが、二〇一〇年四月に試合前シートノックのノッカーを務めていた際に、くも膜下出血で倒れ、亡くなったことは記憶に新しいと思います。驚かされたのは、頑強な肉体を持つイメージのプロ野球選手が三七歳の若さで突然亡くなったことです。少し古い例で恐縮ですが、一九八五年八月に起きた御巣鷹山での日航ジャンボ機墜落事故で歌手の坂本九さんが亡くなったときもそうでした。あの明るい、元気そうで、いつまでも長生きしそうな九ちゃんが、四三歳で突然亡くなったことに当時日本中が驚きました。

こうした「予想外」の突然死は、実は他人事ではありません。この本をお読みのあなたにも、そしてこの本を書いている私にも十分あり得ることです。私自身は海外出張が多く、飛行機に乗る機会が多いので、飛行機事故で死ぬ確率は一般の人よりも確実に大きいでしょう。

親が70歳を過ぎたら「公正証書遺言」が不可欠

プロローグで述べたように、日本人の死亡者の七五パーセントが七〇歳以上の人です。つまり、七〇歳を過ぎると、死亡する確率が高くなります。さらに、二〇〇八年の総務省「家計調査」によれば、七〇歳以上の人は、持ち家率も平均九二・一パーセントで、世帯の正味金融資産（貯蓄から負債を引いたもの）は、二二九一万円あります。つまり、大半の人が自分の家を保有しており、それなりの金融資産を持ち、かつ、死亡する確率が高い年齢層が七〇歳以上なのです。したがって、親が七〇歳を過ぎると、その死亡に伴い、残された家族にさまざまなトラブルが発生する確率も大きくなります。七〇歳を超えた親を持つあなたにとって、こうしたトラブルを予防するために親の遺言書は不可欠となるのです。

遺言書には、本人が全文を自筆で書く「自筆証書遺言」と公証役場で公証人が作成する「公正証書遺言」、遺言書の内容を密封して公証人も内容が確認できない「秘密証書遺言」の三種類があります。それぞれ、メリット、デメリットがありますが、七〇歳を過ぎたあなたの親には、公正証書遺言で作成してもらうことをお勧めします。その理由は、①原本が公証役場で保管され、誰かに盗まれたり、改ざんされたりする恐れがない、②家庭裁判所での検認が不要で遺言執行の手続きをとることができるからです。

映画「犬神家の一族」で、創業者の犬神佐兵衛の遺言書（映画では、遺言状となっ

犬神家の遺言書の問題点

❶「遺留分」を侵害している可能性

- 妾との子供(娘3人)でも、親に「認知」されていれば、法定相続人になる

❷ 自筆で書いている（自筆証書遺言）

- 家庭裁判所の「検認」を受けていない可能性大

ています）を犬神家の顧問弁護士を務める古舘恭三が親族の前で読み上げるシーンがあります。古舘弁護士が読み上げた内容に対して、犬神佐兵衛の妾の娘三人が、憮然として「その遺言状は嘘よ！」と叫ぶのですが、こうした疑念が起こるのは、自筆証書遺言だからです。映画では、家庭裁判所の検認を受けていたか否かは明らかではありません。しかし、たとえ検認を受けていたとしても、創業者の遺産が莫大なため、強欲な妾の娘三人は自分たちが遺産相続の対象からはずされたことを知れば、やはり何らかのイチャモンをつけることでしょう。

一方、公正証書遺言で作成した遺言書では、こうしたことは起こりません。公正証書遺言の作成費用は財産の評価額で変わります。また、証人も二人必要です。しかし、前述のメリットがあるた

め、七〇歳を過ぎた親が作成する際には、最後の作成になる可能性も大きいので、公正証書遺言で作成することが望まれます。証人は、必要であれば公証役場が手配してくれます。この場合、報酬が必要となります。

公証役場というところは、あまりなじみがないかもしれませんが、遺言書や後述する任意後見契約書など公に認められる必要のある重要書類「公正証書」の作成等を行なう官公庁です。公証役場は「公証人」が執務するところです。

公証人とは、原則三〇年以上の実務経験を有する法律実務家のなかから、法務大臣が任命する公務員で、公証役場で執務しています。その多くは、司法試験合格後に司法修習生を経て、三〇年以上の実務経験を有する法曹有資格者から任命されます。そのほか、多年法務事務に携わり、これに準ずる経験を有する人で、検察官・公証人特別任用等審査会の選考を経た人も任命できることになっています。

公証役場は、全国に約三〇〇か所あります。日本公証人連合会のホームページの「公証役場所在地一覧」に各地にある個々の公証役場の所在地が載っています。

公正証書遺言の有無は、公証人役場で照会できる

公証人役場の遺言検索システムを利用することにより、以下のような手順で公正証書で作成された被相続人の遺言の有無を照会することができます。また、検索はどこの公証人役場からでも依頼できます。

◉検索、照会の具体的手順

①除籍謄本、戸籍謄本等、被相続人が死亡したこと、および照会者が相続人であることを証明する資料、免許証等の本人確認資料を準備します。
②これらの資料を公証人役場に持参して、遺言の検索、照会手続きを行ないます（公証人役場はどの公証人役場でもかまいません）。
③手続き後に、公証人が、日本公証人連合会事務局に対して、被相続人の氏名や生年月日等の情報によって、公正証書遺言の有無、保管場所を照会します。
④依頼を受けた日本公証人連合会事務局は、検索を行ない、その結果を公証人に対し

て回答します。

⑤公証人は、照会者に対し、公正証書遺言の有無とその保管場所となっている公証人役場を伝えます。

⑥公正証書遺言が存在する旨の回答を受けた場合、相続人は、必要に応じ、公正証書遺言が現実に保管されている公証人役場に対して遺言書の謄本交付手続きを行ないます。

なお、存否の照会請求・閲覧・謄本請求については、遺言者の生前は、遺言者本人しかできず、「推定相続人」でも請求はできません。ここで推定相続人とは、現状のままで相続が開始した場合、直ちに相続人となる人のことです。遺言者死亡後も、請求できるのは、法定相続人、受遺者・遺言執行者など利害関係者に限られます。

なぜ、遺言書は元気なうちに作成する必要があるのか？

ところで、なぜ、遺言書は元気なうちに作成する必要があるのでしょうか？

第一の理由は、遺言書作成のためには心身ともに健康な状態であり、ある程度の精神的なエネルギーと時間をかける必要があるからです。遺言書は死ぬ間際に書くもの、と思っている人も世の中にはまだ多いようですが、実は、それは好ましくありません。

公正証書遺言の作成に準備も含め最低一か月はかかります。遺言書作成の手順は後で説明しますが、不動産があちらこちらに分散していたり、相続人や遺贈対象者など関係者が多かったりするとさらに手間がかかります。関係者の顔を思い浮かべ、さまざまなことを考慮しながら遺言書の内容をまとめるのには、それなりの思考のエネルギーが必要であり、心身ともに健康な状態でないと作業はうまく進みません。

第二の理由は、作成者の能力が不十分な状態で書かれた遺言書は無効とされる場合があるためです。たとえば、認知症で判断能力が不十分な状態や抗精神病薬、あるいはモルヒネなどの医療用鎮痛剤を服用している状態で作成した遺言書は、「遺言者の遺言能力に問題があったため、遺言書は無効」と相続人が裁判を起こす可能性があります。

知っておきたい「遺言書がないと特に困る7つの場合」

遺言書がないと困る理由はこれまでに十分述べたつもりですが、特に困る場合を以下に挙げておきます。

1 親と別居、兄弟姉妹が親と同居している場合

次男は東京に住んでいて、兄夫婦が田舎の福島で両親と同居していましたが、要介護状態だった父が八二歳で亡くなったとします。こういう場合、遺言書がないと兄が遺産分割協議書を手配する場合が多いのですが、往々にして兄に有利な内容になりがちです。

同居していた兄は「介護も含めて親の面倒を見てきたのだから財産も多めにもらって当然だ」と思っています。一方、別居していた次男は「こっちは小さな家でも自前で高額なローンを組んで購入し、毎月支払いに追われているのに、兄は家賃も払わず大きな家に住んでいて不公平だ」と思うかもしれません。

遺言書がないと特に困る場合

1. 親と別居、兄弟姉妹が親と同居している
2. 親が小規模な事業を営んでいる
3. 親がアパート・マンションなどの賃貸物件を持っている
4. 親が親族以外の人にお世話になっている
5. 親が離婚・再婚している
6. 親に内縁の妻・夫がいる
7. 親に兄弟姉妹が多い

このように実家の親が亡くなると親と同居していた子供は、自分に有利になるように相続手続きを進めようとする傾向があります。一方、別居していた子供は自分にほとんど相談もなく一方的に手続きが進められることに対して反感を持つ可能性があります。もし、あなたがこれと似たような状況なら、要注意です。

2 親が小規模な事業を営んでいる場合

親が株式会社の経営者の場合、親が保有していた株の相続で揉めると、場合によっては会社を売却・譲渡するなど事業体制の根幹に大きな影響を及ぼす可能性があります。この場合、誰もが納得いく人を会社の後継者に指名し、その人に会

社の株式、預貯金、不動産などの資産を相続させる旨を遺言書に盛り込むことが重要です。

また、親が個人事業主の場合、前述のとおり、それを知った金融機関が親名義の口座を支払い停止にするため、従業員への給与支払いや取引先への支払いができなくなる可能性があります。

それなりの規模の会社を経営している場合、顧問弁護士や税理士がこうした事業承継に関するアドバイスを事前にしてくれると思いますが、小規模な事業の場合、事前準備が手薄になりがちなので注意が必要です。

3 親がアパート・マンションなどの賃貸物件を持っている場合

賃貸物件を持つ目的が相続時の節税対策であることはよくあります。なぜなら、更地で土地を持っているよりもアパートなどを建てておいた方が課税の評価額が低くでき、節税になるからです。

ところが、せっかくこうした手を打っていても、相続手続きに時間がかかると、「相続税軽減の特例」が受けられず、目論んだとおりに節税できないことがあります。

相続税軽減の特例には、①配偶者の税額軽減の特例（配偶者の相続財産には一定額まで税金がかからない）、②小規模宅地の減額の特例（土地の評価額の五〇から八〇パーセントが減額される）があります。これらの特例を受けるには、原則として相続発生を知った日の翌日から「一〇か月までに」相続手続きをする必要があります。親が賃貸物件を持っている場合は、この特例を活用するためにも、遺言書が不可欠です。

4 親が親族以外の人にお世話になっている場合

あなたが夫婦で親と同居している場合、親が要介護状態になったとき、下の世話をはじめとして介護の世話をするのは、息子のあなたではなく、あなたの奥さんになる可能性が高くなります。高齢者のなかには「嫁が『しゅうと』や『しゅうとめ』の世話をするのは当たり前」と考えている人はまだ多いようです。しかし、あなたの奥さんが「しゅうと」や「しゅうとめ」の介護で自分の時間を奪われ、身も心もすり減らして尽くすことに対して、何らかの見返りを期待する気持ちを持ってもおかしくはありません。

このような場合、親は「いずれ息子に財産を相続するのだから、それで問題ない」と思いがちです。ところが、仮に息子（つまりあなた）が、不慮の事故などで親よりも先に亡くなると、あなたの奥さんはあなたの親の法定相続人にはなれないので、親の財産を一切奥さんに相続させることができません。

日頃から奥さんが親の面倒を一生懸命見てくれているなら、こういうことも考慮して、遺言書で確実に奥さんにも報いてもらうことが望ましいでしょう。

5 親が離婚・再婚している場合

もし、あなたの親が離婚あるいは再婚をしていて、あなたが「連れ子」の場合、要注意です。というのは、あなたと親の再婚後の配偶者との間で養子縁組をしていないと、戸籍上のつながりがないため、あなたは親の再婚後の配偶者の相続人になれないからです。

よくありがちなのは、再婚時に、父が母の連れ子と養子縁組するのに、母は父の連れ子と養子縁組しないケースです。この場合、父が亡くなると母が財産の半分を相続するのですが、母が亡くなったときに父の子は相続人になれません。

また、親が亡くなった後に、これまで顔も見たこともない異母兄弟、異父兄弟（これらを半血兄弟と言います）が現れて「私たちにも遺産を相続する権利がある」と主張してくることも十分あり得ます。こうなると、遺産分割協議は間違いなく難航します。さらに、あなたの親が離婚・再婚を何度か繰り返していると、家族関係が複雑になり、したがって相続関係も複雑になり、親の死後、揉めごとが起きやすくなります。

こういう場合の揉めごとを未然に防ぐためにも、複雑な家族関係を考慮した遺産分割方法を記載した遺言書が重要になります。

6 親に内縁の妻・夫がいる場合

もし、あなたの親に内縁の妻・夫がいる場合は要注意です。日本では内縁の妻・夫は互いの相続人にはなれません。

ところが、降旗康男監督の映画「遺産相続」に出てくる内縁の妻・喜久恵のように、長年内縁の夫と同居し、事業拡大・財産形成にも多大な貢献をしてきた場合、相続権を主張して訴えを起こそうとする場合があります。このような場合、相続人であるあなた（内縁の夫の子）と敵対関係となり、揉めごとに巻き込まれる可能性が大です。

また、内縁配偶者が亡き親と同居していた場合に、相続人（あなたか、あなた以外の人）が内縁配偶者に対して住んでいる家からの退去を迫ることもあります。

このような揉めごとを避けるためには、遺言書に内縁配偶者への配慮を記載するべきです。

7 親に兄弟姉妹が多い場合

あなたの親が大正生まれや昭和一桁生まれだとすると、親の兄弟姉妹が七、八人いる場合も多いでしょう。このような場合、親の兄弟姉妹が亡くなった後、相続トラブルが起きやすくなり、あなたにも飛び火する可能性があります。

五〇代のある男性には、兄弟が九人いる八六歳の父がいます。九人兄弟のうちの八二歳の叔父は重い認知症の八〇歳の妻を自宅で介護していました。ところが、叔父はある日持病の心臓病が悪化し、心臓発作で突然亡くなってしまいました。叔父以外に介護する人のいなかった叔父の妻は、その数日後に自宅で亡くなりました。

亡くなった二人に遺言書はなく、叔父の両親はすでに亡くなっており、二人に子供がなかったため、相続人は叔父の複数の兄弟に加えて数人の甥と姪（「代襲相続人」と言います）になりました。叔父の何人かの兄弟がすでに亡くなっていたからです。

男性の父（叔父の兄）はすでに足腰が弱っており、男性が父の代わりに遺産分割協議の打ち合わせに参加せざるを得なくなりました。父の兄弟たちとは何年も顔を合わせていないばかりか、男性のいとこにあたる叔父の甥姪たちともほとんど交流がありません。こうした希薄な人間関係の人たちと、いきなり遺産分割という生臭い揉めごと話をせざるを得なくなり、しばらく憂鬱な日々が続きました。

このように、あなたの親に兄弟姉妹が多いと相続トラブルに巻き込まれる可能性があります。

以上の七つの場合以外にも、特に子供がいない場合は、遺言書がないと困ることが多いです。しかし、本書は老親を持つ現役世代の子供を対象読者としているので、敢えて触れていません。

遺言書作成の際は、遺留分侵害に注意

遺産を相続できる人は民法に定められています。これを「法定相続人」といい、相続できる親族の範囲と順位が決められています。まず、親の戸籍上の配偶者は常に相続人になります。加えて、親の子供（つまり、あなた）や親の親（祖父母）などの血縁者も次の順序で相続する権利があります。遺言書がない場合、これらの法定相続人間で遺産分割協議を行なうことになります。

●第一順位……親の子供（あなたやあなたの兄弟姉妹。養子や認知された子供も含

む）。これを直系卑属と言います。

●第二順位……親の父母（あなたの祖父母。養父母も含む）。親の父母が亡くなっている場合、親の祖父母。これを直系尊属と言います。

●第三順位……親の兄弟姉妹（あなたの叔父母・伯父母）。親の兄弟姉妹が亡くなっている場合、その子供（あなたのいとこ）。半血兄弟を含む。これを傍系血族と言います。

一方、遺言書を作成する場合、特に注意したいのが「遺留分」を侵害しないようにすることです。遺留分とは法定相続人が最低限主張できる相続割合分のことです。遺留分は遺言者本人の「兄弟姉妹以外」の法定相続人にありますが、その割合は次のとおりです。

①相続人が直系尊属のみの場合……遺産の三分の一
②前記以外の場合……遺産の二分の一

遺留分の存在を知らない人が自筆で遺言書を書く場合、遺留分を侵害した遺言書を作成してしまうことがよくあります。たとえば、「内縁の妻に全財産を遺贈する」、「A市役所に全財産を寄贈する」などと書かれた遺言書の場合です。こうした遺言書に対して、相続人が遺留分を主張できる権利を「遺留分の減殺《げんさい》請求権」と言います。

遺言作成の際は、トラブルの原因となる遺留分侵害を起こさない記述にすることが重要です。そのためには、遺言書を作成する人がこうしたことをしっかりと認識し、理解しておくことが必要です。

また、遺言書を作成する人は、相続人の連絡先や現在の状況の把握が必要です。というのは、ときどき所在がわからない行方不明の相続人がいる場合があるからです。前述のとおり、遺言書がないと遺産分割協議が必要で、相続人全員の印鑑と印鑑証明書が必要になります。行方不明の相続人がいる場合、行方不明者の代わりとして家庭裁判所に「不在者財産管理人」を選任してもらうか、行方不明者の「失踪宣告」をする必要があります。ただし、行方不明者に子供がいる場合は、その子供が「代襲相続人」として分割協議に参加することになります。

相続税がかかる人はごくわずか

遺言書を書くために財産リストが必要です。そのためには現状保有している財産の確認・評価が必要になります。不動産の存在は「固定資産課税台帳」、権利内容は「登記簿謄本」、「賃貸借契約書」、評価金額は「固定資産税納税通知」、「固定資産税評価証明書」などの書類で確認できます。また、共有者がいる場合は、「権利証」や登記簿謄本で共有割合を確認します。一方、預貯金・自動車などの動産、株式などの有価証券、保険、ゴルフ会員権なども確認が必要です。

ここで重要なのは、「債務の確認」です。住宅ローンであれば金融機関の返済表で確認します。ローン以外の借金がある場合や、誰かの借金の連帯保証人などになっている場合は、その状況も確認する必要があります。

遺産相続というと一般に莫大な相続税が発生するイメージが強いのですが、実はかなりの資産家でないと相続税がかかることはありません。特に相続人が配偶者の場合、「配偶者税額控除」があり、配偶者が財産の法定相続分、または一億六〇〇〇万円以下を取得した場合は税金はかかりません。国税庁によれば、実際に相続税がかかった人は、二〇〇七年度で年間死亡者一一〇万人のうちの四パーセント程度、四万六〇〇〇件強に過ぎません。なお、相続税の計算方法の詳細は、相続の専門書に必ず書いてありますので、そちらを参照してください。

不動産を整理して分け方を指定する

財産リストを整備したら、次は相続のときに、できるだけ「分けられる財産」にすることが重要です。遺産分割協議で話し合いがつかない例として多いのは、複数の相続人がいるにもかかわらず、財産が自宅不動産の一か所しかなくて分けられない場合、賃貸物件で収益のあるものと自宅のように収益がないもので価値が異なるために分けられない場合などです。

また、遺言者が保有している不動産の名義が何年間もすでに亡くなった人の名義のままになっていることもあります。この状態で、遺言者が亡くなり、遺言書もないと、相続手続きが面倒になります。この場合は、まず遺言者が生きているうちに本人名義に変更するのが望ましいでしょう。

遺産分割の仕方で揉めるのは、相続する分のバランスに納得感がないためです。したがって、遺言者は、最終的には自分の意思を表示するのですが、相続人から見ても納得感のある分け方を工夫することが求められます。

遺言書は「公正証書遺言」での作成が鉄則

これまで、遺言書がないことによるトラブルの可能性を説明してきました。しかし、遺言書があってもトラブルになることも頻繁にあります。その多くは、①その有効性を争うもの、②遺留分を侵害するものです。

遺言書の有効性が争いになるのは、「自筆証書遺言」で作成された場合です。実は自筆証書遺言だと相続人が勝手に書き換えたり、隠したりすることができてしまいます。法律上は、相続人が遺言書を破棄・隠匿・変造した場合、相続人としての資格を失うという制裁措置があります。しかし、原本が一部しかないので、破棄・隠匿・変造された場合、もとの遺言書の存在を証明するのが難しくなり、事実上、作成した本人の遺言書がなかったものと同じになってしまいます。
また、自筆証書遺言では形式や内容が不備のため、無効になることもよくあります。
ちなみに、法律で定められている自筆遺言証書作成のルールは次の三つです。

①全文を自筆で書く
②日付を書く
③最後に署名、押印をする

なんだ、これなら簡単だ、と思われるかもしれませんが、実際には次のような不備で無効になることがあります。

①不動産の表記を間違えている
②財産の書き漏れをしている
③うっかりパソコンで作成してしまっている
④文面を訂正するとき、やり方を間違えている
⑤悪筆で字が読めない

①の不動産の表記については、登記簿記載の表記が現在の住所表記と異なっていることがよくありますが、遺言書での表記は登記簿に記載された表記と一字一句同じにしないといけません。②の財産の書き漏れは、遺言書を作成した後にマンションを購入するなどして資産が増えた場合に起こります。この場合、遺言書の内容と現状の資産状況が食い違うためにトラブルになります。③は、書き直したり修正したりするのが容易なためにうっかりパソコンで作成してしまう場合です。④は、業務でよく行なう二重線で消して訂正印を押すだけで訂正したと思ってしまう場合です。

さらに、遺言書の有効性以外にも自筆証書遺言には、次の欠点があります。

①家庭裁判所による検認に時間がかかる（概ね一か月から二か月）

②作成者の死後、遺言書が発見されないことがある（保管場所を誰にも知らせていない、貸金庫に預けたが何らかの理由で開けられないなどの理由による）

また、前述のとおり、遺留分の存在を知らない人が自筆で遺言書を書く場合、これを侵害した遺言書を作成してしまうことがあります。遺言作成の際は、トラブルの原因となる遺留分侵害を起こさない記述にすることが重要です。

以上のように、遺言書作成のルールに疎い人が作成する「自筆証書遺言」は、トラブルの可能性が大きくなります。これに対し、「公正証書遺言」の場合は、多少の費用はかかりますが、作成者の意思に基づいて公証人が登記簿謄本などの正確な資料をもとに法的に有効な文書を作成してくれるので不備がありません。原本は、公証役場で保管されるので紛失の恐れがなく安心です。また、時間のかかる死後の検認も必要ありません。

したがって、トラブルを予防するという本書の趣旨からすれば、自筆ではなく、公正証書遺言で作成するのが鉄則です。

また、遺言書は、①本人が配偶者よりも先に亡くなったとき、②父母が同時に亡くなったとき、③配偶者が本人よりも先に亡くなったとき、の三通りを一通に書くことが望まれます。この理由は、③の場合に、遺言書を書き直す必要があるからです。

遺言書のなかで「遺言執行者」を指定する

公正証書遺言で遺言書を作成しても、「遺言執行者」を指定しておかないとトラブルになることがあります。というのは、相続人全員が合意すれば、遺言の内容と無関係に遺産分割をできるからです。遺言書に託した意思を尊重してほしいのであれば、遺言書のなかで遺言執行者を必ず指定するようにすべきです。

遺言執行者は、親の死後に財産内容を調べて目録を作成したり、不動産・預貯金の名義変更などの作業を行ないます。遺言執行者は、相続人の代表として単独で相続手続きができます。また、他の相続人が勝手に財産を処分したような場合でも、それを無効にできるほどの強力な権限を持っています。

トラブル予防の観点からは、遺言執行者は原則第三者の専門家（弁護士など）に依頼することをお勧めします。費用はかかりますが、手続きに必要な法的知識を持ち、万一訴訟が起きたときにも対応できるからです。

ただし、揉める可能性が低いと判断される場合は、相続人となる子供を遺言執行者にする選択肢もあります。この場合、複数の遺言執行者を指定することもできます。たとえば、家屋敷などの不動産を同居している長男に相続させて、それ以外の財産を次男に相続させる場合、不動産の相続手続きは長男を、それ以外の財産の相続手続きは次男を遺言執行者に指定できます。

団体などに遺贈したい場合の注意点

人によっては、自分の遺産を世の中のために役立てたいと考える人もいます。たとえば、カンボジアの恵まれない子供たちのための学校をつくるのに役立ててほしい、ガンの研究に役立ててほしい、などの願いを込めて、そうした活動をしている団体への遺贈を遺言書に記載する人もいます。

ただし、この場合にはいくつか注意が必要です。一つは、「現金以外」で遺贈する場合、あらかじめ、そのような形での遺贈を受けてもらえるかを遺贈先に確認することです。たとえば、「保有する山林を○○財団に遺贈する」と遺言書に書いても、管理に困るので受け取れない、と断られる場合があるからです。

もう一つは、その遺贈をすることで税金がどうなるかを、あらかじめ確認することです。たとえば、ある研究財団に不動産を遺贈する旨を遺言書に記載したところ、後で遺贈先ではない相続人に譲渡所得税がかかることがわかり、トラブルになったということもあります。

こうしたトラブルが起きないように、また、せっかくの遺言者の意思が無駄にならないように、法務や税務の専門家に事前に相談することをお勧めします。

葬儀・墓・供養の希望も遺言書に書く

葬儀の仕方に関して親が何らかの希望を持っている場合は、希望の内容を遺言書に書くことが望まれます。この理由は、葬儀のやり方に関して親族から文句が出た場合に、「親の意思です」と言って、進められるからです。

葬儀についての遺言は、本人が亡くなったとき、すぐにその存在と内容がわかることが必要です。この意味からも公正証書遺言で作成して、遺言執行者に渡しておけば、葬儀が終わってから数日後に遺言書が出てきた、などということはありません。

一方、墓は他の相続財産と異なり、相続人が平等に相続するのではなく、祖先の「祭祀《さいし》」を執り行なう人が承継することになっています。この祭祀承継者は、慣習で決められていますが、遺言で指定することもできます。

ただし、祭祀を承継すると、墓地の管理費負担が発生したり、墓地のある寺の檀家としての役割を求められたりします。こうした負担がかかることを、事前によく説明しておかないと後でトラブルになります。事前に墓地の管理事務所に条件を確認して、承継者とよく話し合ってもらうことが大切です。

また、親が自分の死後、墓地を返したい場合も遺言書にその旨を書くことが大切です。この場合、手続きを誰にやってもらうのかとその費用を遺産から出す旨を書くことも必要です。このあたりの条件も、事前に墓地の管理事務所に確認してもらいましょう。

遺言書ではなく「死因贈与契約」という方法もあり

ここまで、親の遺言書によって、親の死後の相続トラブルをある程度予防できるという話をしてきました。

一方、遺言書によらず、親の死後に子供に贈与する旨を、親の生前に子供と契約書を結んでおくという方法もあります。この契約は「俺が死んだらお前にやるよ」というような契約です。これを「死因贈与契約」と言います。遺言書が遺言者の単独行為なのに対して、死因贈与契約は贈与の一種で、二当事者間の契約です。また、贈与者の死亡によって効力を生じる点で、遺贈と似ており、民法では死因贈与は遺贈に関する規定に従うとされています。死因贈与に対しては、遺贈と同様に贈与税ではなく、相続税が課せられます。

また、不動産の死因贈与については、死因贈与契約書で不動産の「所有権移転請求権保全の仮登記」ということができます。死因贈与契約書のなかで「贈与者は、贈与物件について受贈者のため所有権移転請求権保全の仮登記をなすものとし、受贈者がこの登記手続きを申請することを承諾した」旨の記載をしておきます。そして、契約書を公正証書で作成しておくことで、受贈者は公正証書の正本または謄本をもって、この仮登記を「単独」で申請できるのです。

死因贈与契約書は、公正証書での作成を義務づけられているわけではありません。しかし、受贈者に前述のメリットがあることに加えて、贈与者の死後に受贈者と贈与者の相続人との間で揉めごとを避けるためにも、公正証書で作成しておくことが望まれます。

死因贈与契約においても遺言書と同様に、執行者を選任することができます。執行者の指定がないと、所有権移転登記の手続きの際に贈与者の相続人全員を「登記義務者」として申請しなければならず、面倒になります。したがって、執行者を指定しておく方がよいでしょう。執行者には、弁護士などの法律家を指定しておけばより安心です。

死因贈与契約の撤回については、民法の定めでは、遺言の撤回の場合の遺言方式に関する部分を除いて準用されます。つまり、死因贈与契約は、契約でありながら贈与者が一方的に撤回することが可能なのです。遺言同様、贈与者の意思が尊重されるということです。

契約が撤回されない「負担付死因贈与契約」とは？

一方、「負担付贈与」とは、たとえば、受贈者が、贈与者が生きている間の生活の世話を「負担」する代わりに、贈与者の死後に何がしかの財産贈与を受ける形の贈与です。死因贈与についても、負担付贈与を行なうことができます。

負担付死因贈与契約については、原則として贈与者の死後に、受贈者が放棄することはできません。この意味において、贈与者の意思がより確実に実現できることになります。また、受贈者が契約に従い負担の全部またはそれに類する程度の履行をした場合、特段の事情がない限り、契約の撤回はできません。この点が通常の死因贈与契約と異なる点です。

負担付死因贈与契約で重要なのは、負担の内容と贈与の対象を明確に記載することです。負担の内容については、たとえば、「本件贈与を受ける負担として、贈与者にその生存中、自己のもとに引き取って同居させ、医療費を含む生活費を負担した扶養をしなければならない」などのように具体的な記載が望まれます。

また、贈与の対象については、不動産の場合、登記簿の記載に従って正確に記載することが必要です。これらは遺言書での記載と同じ要領です。

まとめると、負担付死因贈与契約の特徴は次の三つに整理されます。

①贈与を受ける人（受贈者）の承諾が必要
②契約とともに権利義務が発生する
③原則として取消・一方的な破棄は不可

ここがポイント！

相続トラブルを予防する

1 親が遺言書を遺すことで、親の死後の相続トラブルをある程度予防できます。親が遺言書の重要性を認識し、「自らの意思で」遺言書を遺すことが望まれます。

2 親が遺言書を遺すメリットは、①親の死後に遺産分割協議を行なう必要が少なくなり、相続人同士での揉めごとが起こりにくくなること、②親の死後に遺族が親の口座から預金を下ろせるようにできること、③相続手続きをなるべく簡単にし、残された親族への負担を少なくできることです。

3 遺言書は、公正証書遺言で作成することをお勧めします。

4 遺言書は、心身ともに健康な状態で元気なうちに作成することが望まれます。

5 遺言書がないと特に困る場合は、①あなたが親と別居、兄弟姉妹が親と同居している場合、②親が小規模な事業を営んでいる場合、③親がアパート・マンションなどの賃貸物件を持っている場合、④親が親族以外の人にお世話になっている場合、⑤親が離婚・再婚している場合、⑥親に内縁の妻・夫がいる場合、⑦親に兄弟姉妹が多い場合です。

6 親が遺言書を遺す目的は、親の単独の意思表明ですが、もう１つの目的は、親自身と残された家族の双方がハッピーになることです。

第3章

認知症による生活トラブルを予防する

親が遺言書を遺せば、親が亡くなった後の相続トラブルはある程度予防できます。次は、親の生前に起こり得る認知症による生活トラブルの予防策です。その一つが、「任意後見契約」です。

任意後見契約とは何か？

任意後見契約とは、認知症などで判断能力が不十分になった本人に代わって、あらかじめ本人が選んだ「後見人（任意後見人）」に財産の管理や介護の手配などの判断を伴う行為を委任する契約です。二〇〇〇年四月に介護保険制度と同時にスタートした「成年後見制度」の一つである「任意後見制度」に基づく契約です。

成年後見制度は、判断能力の不十分な人（認知症を発症した高齢者、知的障害者、精神障害者等）を保護し、その人たちが最後まで人間として尊厳を持って生きていけるようにするための制度です。成年後見という言葉は、「未成年後見」（未成年者の両親が亡くなると、その保護のために親権者に代わる後見人が選ばれます）に対する言葉で、成年者ではあるが判断能力の不十分な人について、後見人等を選任して、その人を保護しようとする制度です。

成年後見制度は、裁判所の手続きにより後見人等を選任してもらう「法定後見制度」と、当事者間の契約によって後見人を選ぶ「任意後見制度」に分かれます。法定後見制度は、判断能力がすでに失われたか、または不十分な状態になり、自分で後見人等を選ぶことが困難になった場合に利用されるものです。これに対して、任意後見制度は、まだ判断能力が正常である人、または衰えたとしてもその程度が軽く、自分で後見人を選ぶ能力を持っている人が利用する制度です。

任意後見契約書は、「任意後見契約に関する法律」により、先の遺言書のところで説明した公正証書で必ず作成する決まりになっています。

なぜ、成年後見制度が必要なのか？

プロローグで述べたとおり、高齢期になると認知症を発症する確率が上がります。認知症が発症し、進行すると、自分の行為を認知する能力が低下し、財布や預金通帳をしまった場所を忘れたり、何度も何度も預金を下ろしたりというようなことが起こるようになります。こうした状態になると、悪徳業者に高額な着物や羽毛布団を売りつけられたり、不要なシロアリ駆除やリフォーム工事への申し込みをさせられたり、振り込め詐欺に騙されたりして、大切な老後の生活資金を失ってしまう危険が大きくなります。

一方、認知症が進行した高齢者には、介護保険を使うことを拒み、長期間風呂に入らなかったり、部屋中がゴミの山になっていたりする人も見られます。もちろん、本人はそれを不快に思っていません。というより、自分の行為が自身で認知できなくなっているのです。

このように認知能力が低下すると、自分で財産管理ができなくなってしまうだけでなく、自分がどんな介護を受けて、どんな生活をするのかを判断することもできなくなってしまいます。こうした状態になった人の財産や人権を守るために整備されたのが成年後見制度なのです。

日本公証人連合会によれば、任意後見契約の件数は、二〇〇〇年四月にスタートして以来、毎年増え続けており、概ね前年の二〇から三〇パーセントの割合で増加しているとのことです。

後見人には何を頼めるのか？

「任意後見契約に関する法律」によれば、任意後見契約とは「委任者が、受任者に対し、精神上の障害により事理を弁識する能力が不十分な状況における自己の生活、療養看護及び財産の管理に関する事務の全部又は一部を委託し、その委託に係る事務について代理権を付与する委任契約」（第2条1項）と規定されています。

これより、任意後見人に頼めるのは、依頼人本人である委任者の「財産管理」と「介護や生活面の手配」です。具体的な委任業務内容は、任意後見契約書の「代理権

任意後見人に頼めること

❶ 委任者の「財産管理」

❷ 委任者の「介護や生活面の手配」

目録」に記載します。代理権目録は、契約内容によりさまざまですが、概ね以下のとおりです。

◉代理権目録

①不動産、動産等すべての財産の保存、管理、変更および処分に関する事項
②金融機関、証券会社とのすべての取引に関する事項
③保険契約（類似の共済契約等を含む）に関する事項
④定期的な収入の受領、定期的な支出を要する費用の支払いに関する事項
⑤生活費の送金、生活に必要な財産の取得、物品の購入その他の日常生活関連取引に関する事項
⑥医療契約、入院契約、介護契約その他の福祉サービス利用契約、福祉関係施設入所契約に関する事項
⑦登記済み権利証、印鑑、印鑑登録カード、各種カード、預貯金通帳、株券等有価証券、その預かり証、重要な契約書類そ

の他重要書類の保管および各事項処理に必要な範囲内の使用に関する事項
⑧登記および供託の申請、税務申告、各種証明書の請求に関する事項
⑨以上の各事項に関する行政機関等への申請、行政不服申し立て、紛争の処理（弁護士に対する民訴法55条2項の特別授権事項の授権を含む訴訟行為の委任、公正証書の作成嘱託を含む。）に関する事項
⑩復代理人の選任、事務代行者の指定に関する事項
⑪以上の各事項に関連する一切の事項

ここで、「復代理人」とは、法定代理人である後見人が自己の責任で選任することができる後見人の代理人のことです。

後見人に頼めないことは何か？

一方、任意後見人に頼めないのは、①委任者への介護行為、②保証人の引き受け、③委任者への医療行為の同意、とされています。①については、任意後見人は、介護

の手配や契約を結ぶ義務はありますが、自ら委任者の介護を担う義務はありません。ときどき「私の具合が悪くなったら、任意後見人が病院へ付き添いをしてくれるのか」と訊ねられますが、これは任意後見人の役割ではありません。逆に任意後見人に病院の付き添いをやってほしいために任意後見契約を結ぶというのは、法律の趣旨と異なることになります。

ただし、任意後見人には前述のとおり、委任者に対する療養看護義務があるので、ときどき家を訪問して本人の様子を確認したり、介護ヘルパーに本人の普段の状況を訊ねたりといったことを行なう義務はあります。しかし、介護行為そのものを直接行なう義務はありません。

紛らわしいのは、本人の子供（たとえば、あなた）が任意後見人になったときです。特に介護が必要な親と同居しているときは、どこまでが家族としての行為で、どこまでが任意後見人としての行為なのかは区別ができにくくなります。しかし、こうした例をもって、「任意後見人は介護行為も行なう」と見なすのは間違いです。弁護士などの第三者が任意後見人になる場合は、こうしたことはまずありません。

②については、病院へ入院するときや老人ホームや介護施設へ入所するときに「保証人」（あるいは身元引受人）を求められる場合があることから、任意後見人に依頼

任意後見人に頼めないこと

❶ 委任者への介護行為

❷ 保証人の引き受け

❸ 委任者への医療行為の同意

されることがあります。しかし、任意後見人が保証人を引き受けることはできません。なぜなら任意後見人とは、本人から代理権を委任された「本人の代理」であり、いわば「本人のようなもの」です。したがって、「本人」が本人の身柄を保証する「保証人」にはなり得ないのです。

ところが、本人が親族と遠く離れて暮らしていて、本人の身近に親族がいない場合、任意後見人に保証人が頼めるのなら、任意後見契約を結びたいという人がときどきいます。病院や介護施設が保証人を求める主な理由は、費用の支払いを確保するためです。病院等に保証人を求められた場合は、任意後見契約が結んであり、先に述べた遺言書が作成してあること、費用の問題はまったくないことを説明すれば、たとえ保証人がいなくても入院や入所を断られる理由はありません。

③については、現時点では一般に成年後見人には、医療行為についての同意権はないとされています。②の場合と

同様に、医療行為への同意書にハンコを押してもらう人が必要で、それを後見人がやってくれることを期待して、任意後見契約を結ぶというのは筋違いと言えましょう。

ただし、成年後見制度を研究している「成年後見法学会」では、成年後見人にも委任者である被後見人に対する医療行為についての同意権を持たせるべきであると主張しています。

なぜ、契約を結ぶと登記されるのか？

任意後見契約は、公証人の嘱託により、法務局で登記されます。したがって、任意後見人は、法務局より任意後見人の氏名や代理権の範囲を記載した「登記事項証明書」の交付を受けて、委任者からの代理権を証明することができますし、取引の相手方も、任意後見人から、その「登記事項証明書」を見せてもらうことにより、安心して本人との取引を行なうことができます。

登記事項証明書は、法務局が発行する信用性の高い委任状という役割を果たすことになり、これにより任意後見人は、委任者のために、その事務処理を円滑に行なうことができます。ちなみに、登記される事項は次のとおりです。

①任意後見監督人の選任前……本人、任意後見受任者（契約発効後、任意後見人になることを引き受けた人）、代理権の範囲
②任意後見監督人の選任後……本人、任意後見人、任意後見監督人、代理権の範囲

契約は、いつ、どんな条件でスタートするのか？

任意後見契約は契約締結したからといって、すぐには発効しません。本人の判断能力の低下が著しくなってきたと周りの人たちが感じた段階で、通常、家族や任意後見受任者が家庭裁判所に「本人の判断能力が低下してきており、任意後見をスタートさせたいので『任意後見監督人』を選任してください」という申し立てをします。これを受けて家庭裁判所が任意後見監督人を選任した時点で、契約が発効となり、後見人による後見事務がスタートします。

任意後見監督人とは、任意後見人が財産を勝手に使いこんだりしないように、業務内容について任意後見人から適宜報告を受け、監督する役割を担います。通常、弁護士や司法書士などの専門家が選任されます。

「移行型」が望ましい任意後見契約の形態

任意後見契約には、①移行型、②将来型、③即効型、の三種類がありますが、①の「移行型」が望ましいです。これは、第4章で詳細を説明する「財産管理等委任契約」とセットで任意後見契約を結ぶ方法です。

身体が不自由になり、外出が難しくなった場合も本人による財産管理が難しくなります。この場合、まだ本人の判断能力が十分あるときには、任意後見契約は発効させることができません。そこで、本人の判断能力が十分あるときに、本人の指示に従って受任者に財産管理を代行してもらうのが財産管理等委任契約です。

①「移行型」では、本人の判断能力が十分あるうちは、財産管理等委任契約に基づいて財産管理を行ない、本人の判断能力が不十分になった時点で、任意後見契約を発

効するというものです。この時点で、財産管理等委任契約から任意後見契約に移行するので「移行型」と呼ばれます。

②の「将来型」は、任意後見契約だけを結ぶ方法です。本人の判断能力が不十分になった時点で、先に述べた手順により、家庭裁判所に申し立てを行ない、任意後見監督人を選任してもらいます。将来型の問題は、申し立てから任意後見監督人が選任されるまで数か月かかり、この間に本人が任意後見人による保護を受けられないことです。「移行型」であれば、こうした問題は起きません。

ちなみに、③の「即効型」は、すでに判断能力が不十分になっている人が一時的に判断能力が回復したと認められるときに任意後見契約を結び、すぐに契約を発効させる方法です。ただし、即効型は契約時の本人の判断能力に関して、後でトラブルになる可能性が大きいため、避けた方がよいでしょう。

契約の費用はどの位かかるのか?

任意後見人契約書の作成は、前述のとおり公正証書で行ないます。契約を結ぶときの費用は、公証役場に払う費用を含めて通常二万五〇〇〇円から三万円程度かかります。また、契約書の作成を弁護士などの専門家に依頼すると、その分別途費用がかかります。

任意後見人への報酬は、契約が発効になってから発生します。その金額は、専門家へ依頼する場合、月額三万円から五万円程度が最も多いようです。親族や知人に依頼する場合は、特に決まりはなく、報酬なしの例も多いようです。あるいは、報酬は支払わないが、亡くなったときに遺言で報いるという人もいます。後見人になると、それなりの責任と作業が発生しますので、仕事として報酬をきちんと払う・もらうとした方がお互いの人間関係にとってベターでしょう。

一方、任意後見監督人への報酬は、家庭裁判所が決定します。通常は任意後見人への報酬より低いです。さらに、報酬以外にかかる費用として、財産管理や療養看護に必要な実費、たとえば通信費、面談や諸手続きのための交通宿泊費などが必要になります。

契約はどのようにして解除できるのか？

1 任意後見監督人が選任される前

任意後見契約は委任契約の一つですので、民法第651条の規定により、いつでも当事者の双方が解除できる契約です。ただし、委任者本人の保護の見地から、解除するためには公証人の「認証」を受けた書面が必要です。当事者双方の合意による合意解除書に公証人の認証を受ければすぐに解除の効力が発生します。当事者の一方からの解除の場合は、解除の意思表示のなされた書面に認証を受け、これを相手方に送付してその旨を通告することが必要です。

2 任意後見監督人が選任された後

任意後見監督人が選任された後は、正当な理由があるときに限り、かつ、家庭裁判所の許可を受けて、解除することができます。

なお、任意後見人について任務に適しない事由が認められるときは、家庭裁判所は、本人、親族、任意後見監督人の請求により、任意後見人を解任できることになっています。

誰に任意後見人を頼むべきか？

任意後見人（正確には任意後見受任者）の依頼先として、①親族や知人、②弁護士などの専門家、③社会福祉協議会などの法人、が選択肢としてあります。

親族や知人を後見人にするメリットは、専門家に依頼する場合の「敷居の高さ」がないことです。デメリットは、親族や知人に親の財産管理や療養看護の責任が発生し、負担になることです。また、親の財産を自分に有利になるように悪用する可能性があることや後見人になった人だけが親の財産を扱えることで、親族間で争いが起こりやすくなります。

一方、弁護士などを後見人にするメリットは、第三者のプロの専門家に仕事を依頼できる安心感です。デメリットは、一般の人にはやや敷居が高く感じることです。

また、社会福祉協議会などの法人を後見人にするメリットは、何かあったときに法人組織として責任を取ってもらえることです。デメリットは、実際に後見業務を担当する人が契約期間の間に代わっていく可能性があり、依頼者である委任者との人間関係・対応の程度が担当者によって変わる可能性があることです。

ところで、任意後見契約の三つの類型のうち、財産管理等委任契約とセットにした「移行型」が望ましいと述べました。次章で詳細を説明しますが、財産管理等委任契約の「受任者」には、弁護士以外なれません。この理由は、弁護士以外の人がなると、非弁護士の法律事務の取扱い等を禁じた弁護士法第72条に抵触するからです。

このために、「移行型」の任意後見契約の場合、財産管理等委任契約の「受任者」である弁護士が、あらかじめ任意後見受任者となり、任意後見契約に移行した後も任意後見人になるのが自然です。ただし、任意後見契約では、複数の人が任意後見人になれるので、財産管理以外の療養看護については、弁護士以外の人が任意後見人を務めることでも問題ありません。

任意後見人を頼むときには、ここに注意

任意後見人（正確には「任意後見受任者」）を依頼するとき、依頼先が個人の場合、次の点を確認しましょう。

①契約の内容を丁寧に説明してくれているか
②専門家の場合、万が一の事故に備えて、損害賠償保険に加入しているか
③専門家の場合、専門職団体に所属し、所定の研修等を修了しているか

一方、依頼先が法人の場合は次の点を確認しましょう。

①直接の担当者はどのような資格を持っているか
②法人は、担当者にどのような研修をしているか。研修修了証などの証明があるか
③担当者を監督する仕組みが、契約の内容に盛り込まれているか

任意後見人は、一人でないといけないのか?

任意後見人は、前述のとおり、複数でもかまいません。この場合には、各自が任意後見人としての権限を行使できるとするか、共同する場合のみ、その権限を行使できるとするか、どちらかに決めなければいけません。そして、前者の場合には、権限の範囲を分掌する場合と、分掌せずに、単に各自がその権限を行使できるとする場合があります。

また、任意後見人を予備的につけることも可能です。たとえば、Aさんに任意後見人を頼むけど、もしAさんが死亡・事故・高齢等の理由でその職務をとれなくなったときは、予備的にBさんにお願いしたいということもできます。

ただし、この場合は、任意後見契約の締結後、その登記をする際に、「予備的受任者」として登記することが認められていないので、契約の形式としては、受任者としてAさんとBさんの両名を選任しておき、Aさんに前記のような事情が発生したときに、Bさんの職務が開始されるように定めることになります。

さらに望まれる徹底したルールづくり

任意後見人は、もともと委任者自身が最も信頼できる人として自分で選んだ人です。前述のとおり、任意後見人の仕事は、家庭裁判所によって任意後見監督人が選任された後に初めて開始されます。つまり、家庭裁判所によって選任された任意後見監督人が、任意後見人の仕事が適正になされているか否かを監督する仕組みになっています。また、任意後見監督人からの報告を通じて、家庭裁判所も任意後見人の仕事を間接的にチェックする仕組みになっています。

さらに、任意後見人に、著しい不行跡《ふぎょうせき》、その他任務に適しない事由が認められたとき、家庭裁判所は、本人、親族、任意後見監督人の請求により、任意後見人を解任できるようになっています。このように、不正を起こさないための監督機能が盛り込まれているのが任意後見制度の特徴です。

しかし、現実には残念ながら後見人が委任者の財産を使いこんでしまうというケースがときどき起こっています。なかには、東京司法書士会に所属する司法書士という法律の専門家や日本社会福祉士会所属の社会福祉士が委任者の財産を使いこんでしまったという不祥事もありました。

こうした成年後見制度の〝専門家〟による不祥事は、単に契約違反であるにとどまらない極めて由々しき事態であり、成年後見制度に対する信頼を根底から失墜させかねないものです。このような不祥事の防止は、導入後まだ一〇年余りの比較的新しい、発展途上にある成年後見制度の課題と言えましょう。

米国の証券取引委員会（ＳＥＣ）が世界の証券取引の模範となる厳しい管理体制・倫理基準を持っているのは、過去に起きたさまざまな証券取引不祥事から徹底的にコンプライアンスの仕組みを整備してきたからです。成年後見制度にも、こうした不祥事から学び、そこから次は不祥事を起こさないために法的整備も含めた徹底的なルールづくりが今後求められます。

ここがポイント！

認知症による生活トラブルを予防する

1 認知症などで判断能力が不十分になると、自分で財産管理ができなくなったり、どんな介護を受けたいかを自分で判断できなくなります。こうした状態になった人の財産や人権を守るために整備されたのが成年後見制度です。

2 任意後見契約は、判断能力が不十分になった本人に代わって、あらかじめ本人が選んだ「後見人」に財産の管理や介護の手配などの判断を伴う行為を委任する契約です。

3 任意後見人に頼めるのは、依頼人本人である委任者の「財産管理」と「介護や生活面の手配」です。

4 一方、任意後見人に頼めないのは、①委任者への介護行為、②保証人の引き受け、③委任者への医療行為の同意、とされています。

5 任意後見契約は契約締結しても、すぐに発効しません。家族や任意後見受任者が家庭裁判所に申し立てをし、任意後見監督人が選任された時点で、契約発効となります。

6 親が結ぶ任意後見契約の任意後見受任者には、信頼できる第三者の弁護士などの専門家を選ぶほうが賢明です。

第4章

身体が不自由になった場合に備える

判断能力は十分でも、何らかの理由で身体が不自由になり、日常生活に不便を来す場合もあります。こうした場合に備えるのが「財産管理等委任契約」です。

財産管理等委任契約とは何か？

財産管理等委任契約とは、自分の財産の管理やその他の生活上の事務の全部または一部について、代理権を与える人を選んで具体的な管理内容を決めて委任する契約です。任意代理契約とも呼ばれ、民法上の委任契約の規定に基づきます。財産管理等委任契約は、当事者間の合意のみで効力が生じ、内容も自由に定めることができます。

任意後見契約と財産管理等委任契約との違いは、任意後見契約は判断能力が不十分

任意後見契約との違いは何か？

1. 任意後見契約は、「判断能力が不十分になった場合」に利用できる

2. 財産管理等委任契約は、「本人の判断能力が十分」で、「身体が不自由になった場合」に利用できる

になった場合に利用できるものですが、財産管理等委任契約は本人の判断能力が十分で、「身体が不自由になった場合」に利用できる点です。

なぜ、財産管理等委任契約が必要なのか？

たとえば、あなたの親が脳梗塞で倒れ、身体が不自由になり、車イス生活になったり、後遺症で言葉がうまく話せなくなったり、字が書けなくなったりすると、本人による財産管理は事実上できなくなります。こうした場合、身近に家族がいる場合、以前なら家族に頼んで銀行預金の引き下ろしなどができました。

ところが、前述のとおり、金融機関等では「本人確認法」施行以来、本人でなければ家族でも預貯金が簡単に引き出せなくなりつつあります。もちろん、ちゃんとし

本人の健康状態と任意後見契約・財産管理等委任契約のタイミング

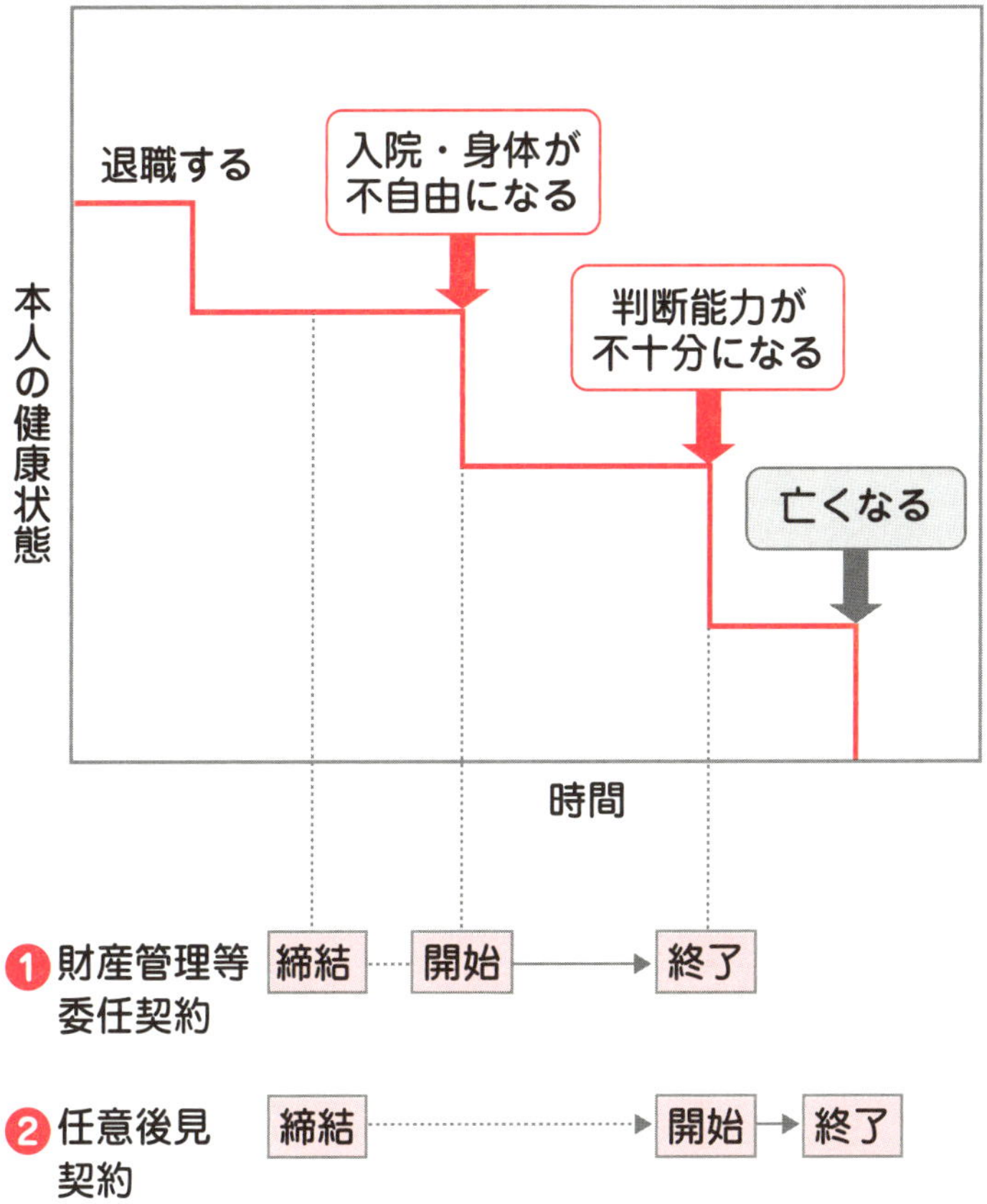

た委任状があれば第三者でも金融機関での手続きはできます。しかし、預金を下ろすなどの日常の事務手続きのたびに、いちいち委任状を作成するのは大変面倒です。

一方、先に述べた任意後見契約を結んでいたとしても、判断能力が十分ある場合は、契約を発効させることができません。そこで、日常の事務手続きは信頼できる誰かが包括的に代行できるよう委任契約を結んでおくと便利です。それが財産管理等委任契約です。

前述のとおり、任意後見契約とセットで契約を結び、移行型の契約とすることで、寝たきりや認知症が進行した場合にも継続して財産管理が支援されます。

契約では何を委任するのか？

財産管理等委任契約の内容は、財産管理（預貯金の管理、税金や公共料金、医療費等の支払い手続き等）が主体で療養看護も含みます。開始する時期や内容は契約当事者間で自由に決めることができます。財産管理等委任契約は、特に次のような場合に有益です。

1 急病による入院期間中の対応

特に一人暮しの人が急病で入院をしたり、病気での療養期間が長引いたりした場合に、本人に代わって財産管理を行ないます。

2 日常生活の金銭管理の代行

預貯金を管理して、税金や公共料金、医療費等の支払い手続等を行ないます。療養看護については、定期的な本人安否・健康状態の確認、医療や介護に関する契約や手続き等になります。

財産管理等委任契約で注意すべき点は何か？

財産管理等委任契約で注意すべき点は、二つあります。一つは、弁護士を契約の受任者とすること。もう一つは、公正証書での作成は義務づけられてはいませんが、契約書は公正証書で作成することが望ましい点です。

財産管理等委任契約は、任意後見契約とは異なり、「任意後見契約に関する法律」

財産管理等委任契約で注意すべき点

1 弁護士を契約の受任者にすること

2 契約書は公正証書で作成することが望ましいこと

のような法律はなく、根拠法は民法のみです。つまり、民法上の委任契約に過ぎません。また、財産管理等委任契約の内容は、自分の財産の管理やその他の生活上の事務の全部または一部について、代理権を与える人を選んで具体的な管理内容を決めて委任する契約ですので、「法律事務」に該当します。法律事務を弁護士以外の人が行なうと、非弁護士の法律事務の取扱い等を禁じた弁護士法第72条に抵触することになります。

また、財産管理等委任契約は、任意後見契約とは異なり、公正証書での作成が法律で義務づけられておらず、後見登記もされません。しかし、契約書の安全性を高めるためには、公正証書での作成が望まれます。

さらに、任意後見監督人のような公的監督者がいないために、受任者が契約どおりに業務を遂行しているかどうかのチェックは、受任者から委任者への報告によります。この点からも信頼できる第三者の弁護士が契約の受任者となることが妥当です。

なお、財産管理等委任契約は私的な委任契約ですので、有効に締結されるためには委任者本人に十分な判断能力が要求されます。自己の財産の内容が把握できること、管理を信頼のおける人にやってもらうことを理解できること、受任者からの管理報告書を読んで理解できることが必要です。作成においては、弁護士のアドバイスを受けることをお勧めします。

ここがポイント！

身体が不自由になった場合に備える

1 財産管理等委任契約は、自分の財産の管理やその他の生活上の事務の全部または一部について、代理権を与える人を選んで具体的な管理内容を決めて委任する契約です。

2 任意後見契約は判断能力が不十分になった場合に利用できるものですが、財産管理等委任契約は本人の判断能力が十分で、「身体が不自由になった場合」に利用できます。

3 任意後見契約とセットで契約を結び、移行型の契約とすることで、寝たきりになった場合や認知症が進行した場合にも継続して財産管理が支援されます。

4 財産管理等委任契約の内容は、財産管理（預貯金を管理して、税金や公共料金、医療費等の支払い手続き等）が主体で療養看護も含みます。開始する時期や内容は、契約当事者間で自由に決めることができます。

5 財産管理等委任契約で注意すべき点は、①弁護士を契約の受任者とすること、②契約書は公正証書で作成することが望ましいことです。

第5章

終末期のトラブルを予防する

親が将来、病気や事故で、回復の見込みのない、死が避けられない末期状態になる可能性があります。そのような場合に、家族への負担や訴訟トラブルを避けるために、元気なうちにあらかじめ作成しておくのが「尊厳死宣言書」です。

尊厳死とは何か?

尊厳死《そんげんし》とは、現時点の医学レベルで回復の見込みがない重篤な疾病のため末期状態にある人につき、生命維持装置等による延命のためだけの治療を中止し、人間としての尊厳のもと、生に終止符を打つことを言います。

「尊厳死宣言書」とは、本人が自らの考えで尊厳死を望み、延命措置を差し控え、中止してもらいたいという考えを書類で残すものです。ちなみに尊厳死という概念は、もともとアメリカで発展したものであり、尊厳死宣言書のことを英語で、リビング・ウィル（Living Will）と言います。

尊厳死宣言書は、一般には形式は自由で誰にでも作成できるものですが、尊厳死の普及を目的とする日本尊厳死協会では、独自形式の尊厳死宣言書を用意し、会員が作成・捺印した尊厳死宣言書を登録・保管するサービスをしています。

一方、本人が間違いなく書いた書類であることを公的に認めさせるには、遺言書や任意後見契約書と同様に、公正証書で作成する選択肢もあります。

なぜ、尊厳死宣言書が必要なのか？

現代の医学は患者が生きている限り、最後まで治療を施すという考え方のもとに、少しでも長く生を保つための延命治療の技術を進歩させてきました。しかし、結果として、延命治療が患者を苦しめ、安らかな死を迎えることを阻害する場合があるのも事実です。

近年、個人の自己決定権を尊重する考え方がいろいろな方面で正当と評価されるようになってきました。医学の分野においても、治療方針や手術のリスクなどについて十分な情報を提供し、これに基づく患者の選択を重視する考え方が主流となっていきます。

患者本人としても、少しでも長生きしたいというのが人間としての本能だと思いますが、もし自分が回復の見込みがない末期状態に陥ったときには、機械によって単に生かされているような状況を回避したい、また、過剰な延命治療による家族への経済的・精神的負担や公的医療保険などに与える社会的な損失を避けたい、という考えを持つ人が増えてきました。

しかし、治療にあたる医師の立場としては、回復の可能性がゼロかどうかわからない患者の治療をやめてしまうのは医師としての倫理に反することや、どのような形であれ、現に生命を保っている患者に対し、死に直結する措置を取る行為は、殺人罪に問われる恐れがあります。

尊厳死宣言書は、こうした医師の訴訟トラブルや家族への負担を避け、本人が人間らしく安らかに、自然な死を遂げるためのものです。

なぜ、元気なうちに作成する必要があるのか？

尊厳死宣言書も、任意後見契約書などと同様に、本人の判断能力が十分で精神状態が健全なときに作成する必要があります。というのは、「自分には尊厳死宣言書など不要だ」と思っていた矢先に、脳卒中で倒れ、意識不明の植物状態になってしまう可能性も、高齢期であるがゆえに十分あります。そうなった場合、尊厳死の宣言ができなくなり、家族への負担や訴訟トラブルの可能性が出てくるからです。

英語のリビング・ウィルとは、もともと「生前発効の遺言書」の意味で、自然な死を求めるために自発的意思を文書で明示したものです。遺言書と同様に、まだ元気で判断能力が十分なうちに作成すべきものなのです。

尊厳死宣言書作成の「5つのポイント」

尊厳死宣言書には、必ず次の条項を盛り込みます。

①現代の医学で不治の状態に陥り、すでに死期が迫っていると担当医を含む二名以上の医師により診断された場合、延命措置を拒否すること
②本人の苦痛を和らげる処置は最大限の実施を希望すること
③尊厳死宣言書作成についてあらかじめ家族の同意を得ていること
④医師や家族に対して犯罪捜査や訴追の対象にしないでほしいと希望すること
⑤尊厳死宣言書は本人が健全な精神状態にあるときに作成したもので、本人が撤回しない限り、有効であること

尊厳死宣言書を公に認められた書類とするには、前述のとおり、公正証書で作成します。この場合、「家族の了解書」、「家族それぞれの印鑑証明書」、「戸籍謄本」を添付する必要があります。

ちなみに、日本尊厳死協会が、会員で亡くなった人の遺族に対して二〇〇九年に行なったアンケートによると、九三パーセントの医師が「尊厳死宣言書」を受容したという結果が出ています。

ここがポイント！

終末期のトラブルを予防する

1 尊厳死《そんげんし》とは、現時点の医学レベルで回復の見込みがない重篤な疾病のため末期状態にある人につき、生命維持装置等による延命のためだけの治療を中止し、人間としての尊厳のもと、生に終止符を打つことを言います。

2 親が将来、病気や事故で、回復の見込みのない、死が避けられない末期状態になる可能性があります。そのような場合に、家族への負担や訴訟トラブルを避けるために、元気なうちにあらかじめ作成しておくのが尊厳死宣言書です。

3 尊厳死宣言書も、任意後見契約書などと同様に、本人の判断能力が十分で精神状態が健全なときに作成する必要があります。

4 尊厳死宣言書は、一般には形式は自由で誰にでも作成できるものですが、尊厳死の普及を目的とする日本尊厳死協会では、独自形式の尊厳死宣言書を用意し、会員が作成・捺印した尊厳死宣言書を登録・保管するサービスをしています。

5 本人が間違いなく書いた書類であることを公的に認めさせるには、遺言書や任意後見契約書と同様に、公正証書で作成する選択肢もあります。

第Ⅱ部

親の身体が不自由に
なってきたらやること

親が認知症を発症したと思われたとき、あるいは何らかの理由で身体が不自由になってきたときにやるべきことは、

①認知症かどうかチェックすること
②要介護認定を受けてもらうこと
③介護施設を探すこと
④財産管理等委任契約をスタートすること
⑤亡くなったときの連絡先を確認すること

の5つです。

第6章

認知症かどうかチェックする

認知症になっても、あきらめる必要はない

認知症を引き起こす病気は、およそ七〇種類あると言われています。そのうち、日本ではアルツハイマー病が五〇パーセント、脳血管性障害が三〇パーセント、レビー小体病が一〇パーセント、その他が一〇パーセントという報告があります。

認知症になると治療法がなく、あきらめるしかない、と思われている人もまだ多いようですが、最近の状況は変わっています。「慢性硬膜下血種」や「特発性正常圧水頭症」のように治療が可能なものもいくつかあります。また、最も多いアルツハイマー病に対しては、塩酸ドネペジル（商品名：アリセプト）という薬を使えば、初期の

認知症の原因疾患は何か？

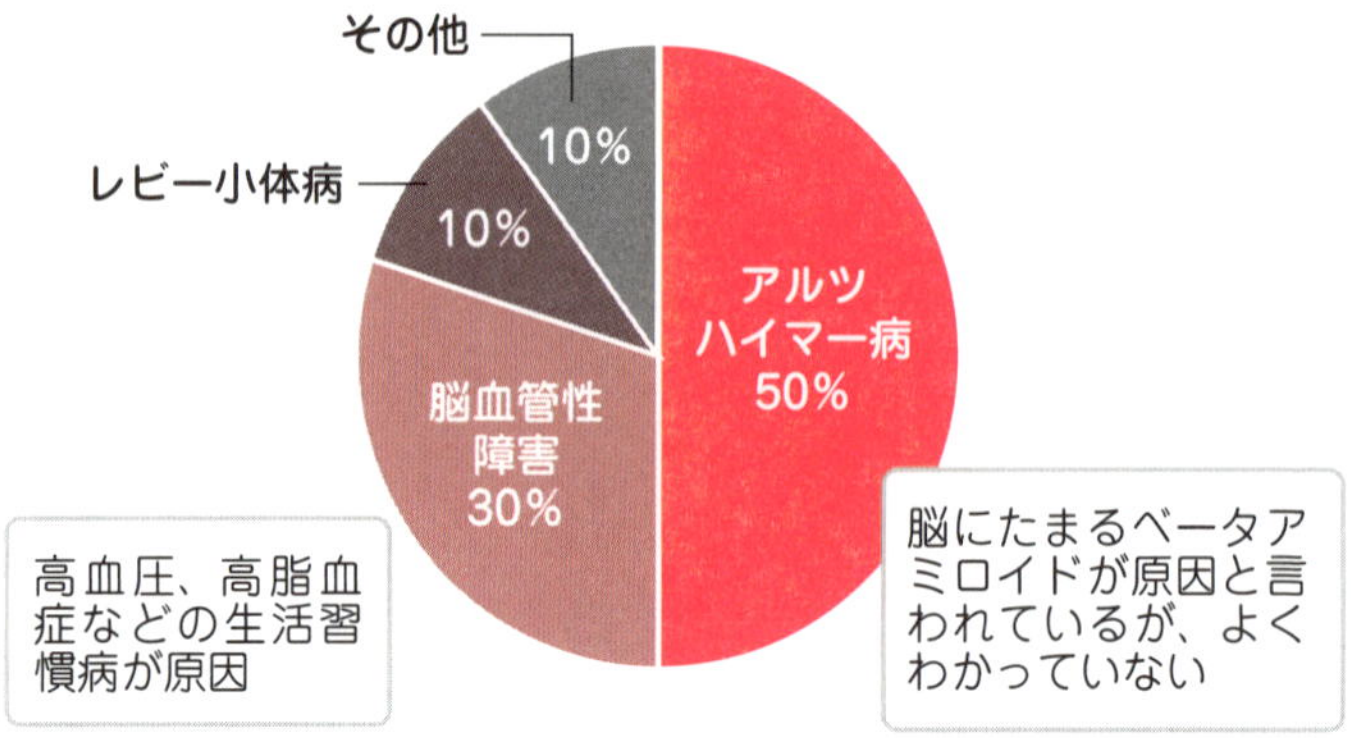

進行を一〇か月程度抑えることができます。さらに、三番目に多いレビー小体病に対しては、抑肝散《よくかんさん》という漢方薬が、レビー小体病特有の「幻視」に対して効果があることがわかっています。

一方、薬を使わずに、徘徊、暴力、幻覚など認知症特有の「周辺症状」を緩やかにする「非薬物療法」にもいろいろなものが登場しています。スウェーデンの医療現場でも使われている「タクティールケア」、アメリカで開発された心理療法である「回想法」、「美術療法」、「音楽療法」などが実際の介護現場で使われています。

なかでも、音読・手書き・簡単な計算とスタッフとのコミュニケーションによる「学習療法」は、全国一六〇〇以上の介護施設や自治体の健康教室に導入され、認知症の改善や脳機能の維持・向上に大きな効果を上げています。学習療法は、私が所属している東北大学加齢医学研究所の川島隆太教授、㈱公文教育研究会、および高齢者施設を運営する社会福祉法人・道海永寿会により開発されたもので、最近は海外からも高い関心が寄せられています（学習療法については、第Ⅳ部で詳細を説明します）。

親の認知症に早く気がつくためのチェックポイント

このように、認知症は、「治療法がなく、あきらめるしかない」病気ではありません。ただし、他の病気と同じで、症状を悪化させないためには早期発見が重要です。プロローグで説明したとおり、認知症の「出現率」は、七〇歳から年齢とともに上がっていきますので、あなたの親が七〇歳を過ぎたら、認知症の兆候がないか、定期的に確認することが重要です。次のチェック項目で、あなたの親の状態を確認してください。一つでも思い当たることがあれば、認知症の専門医の診断を受けてもらいましょう。

①もの忘れ、置き忘れの頻度が増える
②小さな買い物でも、小銭ではなく、お札で払う
③予定を頻繁に忘れる
④知っているはずの道で迷う
⑤五分前に訊いたことを、また訊く
⑥鍋をよく焦がすようになった
⑦今日の日付が言えない
⑧自分の年齢が言えない
⑨時計の絵や立方体の絵がうまく描けない
⑩旅先でお風呂に入れなくなる

認知症の専門医をどうやって探すか?

認知症の専門医は、病院の精神科、神経内科、老年科、あるいは「もの忘れ外来」などにいます。とはいえ、すべての精神科や神経内科の医師が認知症に詳しいわけではありません。また高齢者は、こうしたところにいきなり連れていこうとすると抵抗感が強いので、まずは、近所の診療所に相談できれば、その方がいいでしょう。適切な診療所を探すには、最寄りの地域包括支援センター、保健所、保険センター、市区町村の社会福祉事務所などに問い合わせるのがいいでしょう。

親に受診を促すコツは何か？

認知症の診断を受けるために病院に親を連れていくときに、最も苦労するのは、本人が受診を嫌がり、どうやって受診させたらよいかがわからないことです。

この対策は、本人の性格や家族の状況などでさまざまですが、一つの方法は、「健康診断を受けておきましょう。何でもなければ安心なので」と言って、連れていくやり方です。この場合、連れていく病院に「受診を嫌がっているので、健康診断だと言って連れていきます」と事前に連絡して、対応してもらうようにすれば、スムーズにいきます。

また、病院での待ち時間が長いと、待つのが嫌で帰りたがる可能性が高いので、必ず予約を入れるようにしましょう。さらに、受診する日は、本人には直前に告げるのがよいでしょう。あまり早くから受診することを伝えると、当日になって「やっぱり行かない」と言い出すことが多いからです。

本人がどうしても嫌がるときは、忙しいあなたには辛いことですが、無理強いをせず、次の機会を待ちましょう。決して、叱ったり、責めたりしないことです。認知症になると、叱られたり、落ち度をなじられたりする機会がどうしても増えがちなのですが、これが一番逆効果です。

親が認知症だと診断されたらどうするか？

受診から確定診断までたいてい一、二か月かかります。治療が必要な場合は、それから治療に入るので、あなたの親に認知症の疑いを感じたなら、できるだけ早く受診させてください。

確定診断の結果、親が認知症だとわかると、誰でもショックを受けます。しかし、この章の冒頭から申し上げているように、認知症になったからといって、あきらめる必要はありません。やり方次第で症状が改善して健康な状態に戻る例もたくさんあるからです。

そのことを認識したうえで、次の要領で、あなたの親を支えていく態勢を整えましょう。

①医師や行政、介護サービスの窓口になる人を決定します。あなたが親と同居しているなら、あなたがなるのが一番よいでしょう。

②あなたが親と別居している場合は、どこで誰が介護するのかを決めないといけません。認知症は、住んでいる環境が変わると症状が進むことも多いので、本人の住み慣れた自宅が一番よいと言われています。

③一方で、本人の配偶者（あなたの両親のいずれか）が先に亡くなったりすると、ショックで引きこもりになったり、自宅で一人暮らしになることで、周りの人とのコミュニケーションが減り、症状が悪化することもよく見られます。

④こうした背景や実際に介護する家族の負担を考慮して、家族と本人にとってベスト

な態勢を考えてみてください。

⑤また、介護保険制度の活用（これについては次章で説明します）、市区町村の公的補助制度、年金、保険など経済的な面も確認してください。

ここがポイント！

認知症かどうかチェックする

1 認知症の「出現率」は、70 歳から年齢とともに上がっていきます。あなたの親が 70 歳を過ぎたら、認知症の兆候がないか、定期的に確認することをお勧めします。

2 認知症の専門医は、病院の精神科、神経内科、老年科、「もの忘れ外来」などにいます。しかし、高齢者はこうしたところにいきなり連れていこうとすると抵抗感が強いので、まずは、近所の診療所で相談することをお勧めします。

3 適切な診療所を探すには、最寄りの地域包括支援センター、保健所、保険センター、市区町村の社会福祉事務所などに問い合わせてください。

4 認知症の診断を受けるために病院に親を連れていくときには、「健康診断を受けておきましょう。何でもなければ安心なので」と言って、連れていくのも1つの方法です。

5 親が認知症だと診断されてもあきらめる必要はありません。やり方次第で症状が改善して健康な状態に戻る例もたくさんあるからです。

第7章

要介護認定を受けてもらう

要介護認定とは何か？

認知症が発症しても、初期の場合は症状も軽いので、家族が必要に応じてサポートすれば日常生活を送ることができます。しかし、中期を過ぎると記憶障害が進み、生活のさまざまな場面でサポートが必要になります。

一方、認知症が発症していなくても、たとえば、脳梗塞で倒れて入院し、退院後も身体が不自由になり、家族の介護が必要になるような場合も出てきます。

日本では、二〇〇〇年四月より、公的介護保険制度が導入され、介護サービスを必要とする人が利用できる仕組みになっています。このサービスを受けるためには、住んでいる市区町村から「要介護認定」を受ける必要があります。

要介護認定とは、介護保険制度において、介護サービスの利用に先立って利用者が介護を要する状態であることを公的に認定するものです。一般に、要介護認定は、介護保険法による介護を要する状態を意味する「要介護認定」と、日常生活に見守りや支援を必要とする状態を意味する「要支援認定」を総称した、「要介護等認定」を意味します。

なぜ、あなたの親に要介護認定が必要なのか?

介護保険制度が導入されてから、あなたの親も、あなたも四〇歳以上であれば、通常、介護保険の「被保険者」であり、毎月保険料を支払っています。

被保険者のうち、六五歳以上を「第1号被保険者」、四〇歳から六五歳未満の医療保険加入者を「第2号被保険者」と言います。第1号被保険者は年金支給の際に、第2号被保険者は毎月の給料支給の際に、それぞれ保険料が天引きされています。

保険料をきちんと支払っていて、要介護状態になっているのに、本人は身体が不自由（だから要介護状態なのですが）で申請できなかったり、要介護認定のことを忘れていたりして、要介護認定を受けていない人が少なからず存在します。せっかく保険料を支払っているのに、これは大変もったいないことです。

介護保険制度では、被保険者は自己負担一割で介護サービスを利用できますので、サービスを利用しない手はありません。あなたの親が動けないのであれば、親に代わってあなたが要介護認定を申請してあげてください。あなたが仕事で忙しくて、どうしても対応ができない場合は、「家族以外」でも申請できます。まず、親の住んでいる市区町村の介護保険担当部署に連絡してみてください。

なお、医療保険に加入していない人（例：生活保護法による医療扶助を受けている場合など）は、第2号被保険者ではありません。また、原則として保険者（市区町村、または広域連合）の区域内に住所を有する人を当該保険者の被保険者とします。

要介護認定はどのような手順で行なわれるのか？

要介護認定は、一般に次の手順で行なわれます。

①要介護認定を受けようとする「介護保険被保険者」は、「保険者」である市区町村（または特別区）に対し、要介護認定申請を行ないます。
②要介護認定申請は被保険者本人、または家族が行ないますが、家族以外による代行申請も可能です。代行申請が行なえる者の範囲は法律により定められています。
③保険者（市区町村または広域連合）は、申請を受けて、被保険者宅（あるいは、入院・入所先）に調査員を派遣し、認定調査を行ないます。
④保険者は申請書で指定された医師（主治医）に対し、意見書（医師意見書）の作成を依頼します。
⑤訪問調査結果と医師意見書が、国の定めた基準により、介護にかかる時間（要介護認定基準時間）に評価されます。これを一次判定と言います。
⑥医師を含む五名以上（更新申請の場合は三名以上）により構成される合議体で「介護認定審査会」が行なわれ、一次判定結果および訪問調査結果、医師意見書を総合的に勘案し、要介護度および認定有効期間が最終的に判定されます。これを二次判定と言います。
⑦保険者は、介護認定審査会の二次判定結果を受けて、要介護認定の結果を被保険者

に通知するとともに、介護保険被保険者証に要介護認定の結果を記載します。
⑧二次判定により要介護の状態に至らない場合は、自動的に「要支援認定」の申請があったものと見なされます。

ここで、「要介護度」とは、被保険者の介護を必要とする度合いを表します。最も軽度の要支援1、要支援2から、要介護1、要介護2、要介護3、要介護4、最も介護を要するとされる要介護5の七段階に分けられます。要介護認定の結果においては、自立を意味する「非該当」の結果が出ることもあります。

認知症の人が要介護認定を受けるときの注意点

要介護認定の申請をすると、自治体の調査員が自宅へ訪問調査にやってきます。この訪問調査の際、認知症の人は、見知らぬ人の前では、しっかりした受け答えをする傾向があります。また、できないことも「できる」と答えがちです。すると、この結果をもとに判定されるので要介護認定結果が実態よりも軽めになることがあります。

これを避けるためには、本人の普段の状態をよく知っている家族に必ず同席してもらい、普段の状態を正確に伝えることが重要です。ただし、本人の前で問題行動について話すことは、本人が嫌がるので、メモを渡すなどの方法がよいでしょう。また、本人には、ありのままを正直に話すように事前に話し合っておくことも大切です。

申請してから一か月以内に認定結果が出ることになっています。もし、認定結果に不服がある場合は、市区町村の担当窓口に問い合わせて説明を受けましょう。それでも納得がいかない場合は、認定通知を受け取ってから六〇日以内なら、各都道府県に設置されている「介護保険審査会」に審査請求をできるようになっています。

なお、要介護認定の有効期間は、初回認定時は原則六か月です。二回目以降は一年になります。状態が変化したときは、変更の申請を行なうことができます。

認定後は事業所を選び、ケアプランを作成してもらう

認定された要介護度に応じて、本人が介護サービスを利用した際にサービス業者に支払われる月当たりの介護報酬の「支給限度額」が変わります。支給限度額は、二〇

一〇年現在では、要介護5が最も大きく三五万八三〇〇円、要支援1が最も小さく四万九七〇〇円となっています。実際の介護報酬は、金額ではなく「単位」で決められています。サービスの単価が「単位（概ね一単位は一〇円ですが、地域によって多少異なります）」で示されているので、支給限度額も「単位」で規定されています。また、サービス内容によって加算などの調整分があります。また、単位は三年ごとに見直されます。

認定が要介護1から5であれば、「ケアマネジャー」のいる「居宅介護支援事業所」を選びます。事業所のリストは、市区町村の介護サービス担当窓口にあります。ただし、リストを見ただけでは、どの事業所がよいのかわからないので、すでに介護サービスを利用している人や事業所に直接連絡して対応の良し悪しを確認しましょう。

居宅介護支援事業所を選ぶと、事業所からケアマネジャーが派遣されます。ケアマネジャーは、本人の状況に応じて「ケアプラン」を作成し、それに基づいて介護サービスがスタートします。

注意したいのは、限度額を超える分については、全額自己負担になる点です。限度額の範囲で、どのようなケアプランにするのがいいかは、ケアマネジャーによく相談してみてください。

介護に必要なお金の負担を軽くするには？

介護サービスにはさまざまなものがあります。その詳細は、他の専門書に必ず書かれていますので、本書では省きます。代わりに、介護に必要なお金の負担を軽くする手段について、お伝えします。

1 自立支援医療制度

認知症などの精神疾患で通院して治療を受ける場合、医療費の継続的な負担を減らす制度です。この制度を利用すると通院や医薬品などの費用が一割負担で済みます。認知症であることを市区町村役場の障害者福祉関連窓口、または保健所に申請してください。

2 障害年金

認知症と診断された場合、いずれかの年金制度（国民年金、厚生年金、共済年金）

に加入し、保険料を支払っているなど、受給条件を満たしていれば障害年金の支給を受けられます。かかりつけの病院のソーシャルワーカーや介護福祉士に相談してみてください。

3 介護サービス利用者負担額軽減制度

介護サービスを利用した際、自己負担分が一定の上限額を超える場合に超えた分が後から払い戻されます。夫婦二人で介護保険を利用している人の場合は、二人分の合計が適用されます。一般家庭の場合、上限額は月額三万七二〇〇円です。市区町村の介護保険担当窓口や地域包括支援センターに問い合わせてください。

ここがポイント！

要介護認定を受けてもらう

1 日本では、2000年4月より、公的介護保険制度が導入され、介護サービスを必要とする人が利用できる仕組みになっています。このサービスを受けるためには、住んでいる市区町村から要介護認定を受ける必要があります。

2 保険料をきちんと支払っていて、要介護状態になっているのに、本人は身体が不自由で申請できなかったり、要介護認定のことを忘れていたりして、要介護認定を受けていない人が少なからず存在します。

3 介護保険制度では、被保険者は自己負担1割で介護サービスを利用できますので、サービスを利用しない手はありません。

4 要介護認定を受けようとする「介護保険被保険者」は、「保険者」である市区町村（または特別区）に対し、要介護認定申請を行なうことになっています。あなたの親が動けないのであれば、親に代わってあなたが要介護認定を申請してあげてください。

5 限度額を超える分は、全額自己負担になることに注意してください。限度額の範囲で、どのようなケアプランにするのがいいかは、ケアマネジャーによく相談してください。

第8章

介護施設を探す

元気なときと、身体が不自由になったときではニーズが変わる

第1章で説明したとおり、本来、親が元気なうちに、本人の希望する老人ホームや介護施設の候補を選んでおき、いざ入居が必要になったときに、入居できることが望ましい形です。実際、いくつかの有料老人ホームでは、入居手続きはしているものの、すぐには入居しない人もときどきいます。将来の移り住み先を予約購入しているのです。経済状況が許すなら、これは理想的かもしれません。

しかし、心身ともに元気なときと、身体が不自由になったときとでは、必要なものや希望するものの優先順位が変わってきます。自分のライフステージが変われば、ニ

ーズも変わるので、消費行動も変わるということです。このため、元気なときに「これが自分の入りたい理想のホーム」と思っていたものが、身体が不自由になると変わる可能性があります。

だからと言って、親が元気なときに老人ホームの情報収集を行なう意味がないかと言えば、そうではありません。老人ホームは、一般に高価で何度も買い直すことができない買い物ですので、どういう商品なのかを詳しく知っておくことは、決して無駄にはなりません。なぜなら、こうした情報収集活動は、身体が不自由になれば、ほとんどできなくなるからです。

もう一度やってくる介護施設を探す時期

一方、元気なときには老人ホームや介護施設などに入居するつもりはさらさらなく、仮に介護が必要な状態になっても、自宅で配偶者や子供が面倒を見てくれるものと思っている人も結構います。元気なときには、自分の将来がどうなるかの実感は湧きませんし、将来自分が大変な状態になることを自分自身ではなるべく想像したくないものです。また、特に男性は自分が要介護状態になったら、妻が介護をしてくれるものだと信じている人が多い傾向にあります。

ところが、現実には、配偶者が病気になったり、倒れたりして、その後要介護状態になり、亡くなるということが起こり得ます。すると、配偶者を亡くしたショックから引きこもりがちになり、一人暮らしになって周囲との交流が減ることで認知症が発症・進行していくということも、しばしば見られます。

こうなると、本人（つまり、あなたの親）の介護が必要となり、本人と同居していてもしていなくても、何らかの世話のために手間や時間がかかるようになります。子供（あなたとあなたの兄弟姉妹）がすでに家庭を持っていれば、仕事や家事で忙しく、親の要介護度が重くなってくると、在宅での介護は難しくなります。

このような状態での介護施設探しは、施設に入居する親・本人の希望よりは、親以外の「家族の必要性」によって行なわれます。これが、親・本人が元気なときに探す場合と決定的に異なる点です。すると、忙しいこともあり、あまり介護施設探しに時間をかけられないことから、「毎月の支払いが可能で、まあまあの施設ならいいや」と、あわてて決めがちです。

しかし、第1章で説明したとおり、あなたや家族があわてて探して入居を決定すると、契約条件の詳細な確認が不十分になり、入居後のトラブルが多くなりがちです。
そこで以降では、最低限の見学で、よい介護施設を見分けるポイントをお伝えします。
なお、第1章で説明した評価ポイントは、ここでは省きます。

最低限の見学で、よい介護施設を見分ける16のポイント

1 日常受診する医療施設が近くにあるか?

介護施設の場合、入居者の医療依存度は比較的高く、受診の機会も多くなります。このため、医療施設が近くにないと、スタッフの付き添い負担が大きくなり、スタッフ数が少ない施設だと対応が悪くなります。また、入居者の健康管理や往診をしてくれる協力医療機関も近くにあり、在宅医療支援診療所であることが望ましいです。第1章で説明した「医療機関との連携」の実態をよく確認することです。

2 建物は「コンバージョン」でない新築物件か?

コンバージョンとは、既存の施設・建物をリフォームして用途転換する手法のこと

を言います。価格の安い有料老人ホームには、古くなった会社の独身寮などをコンバージョンしたものが結構あります。コンバージョンが活用される理由は、中古物件のリフォームのため、建設コストが安く済み、それゆえ施設オーナーからの借り上げ賃料をディスカウントできるメリットがあるからです。しかし、コンバージョンされた建物には、介護施設としての機能が不足していたり、バリアフリー化が難しかったりする場合があるので、要注意です。見学時によく確認しましょう。

3 ホームの規模は70室（床）以下か？

ホーム運営者の立場では、一般にスケールメリットを出すために、ホームの規模を大きくする傾向があります。しかし、入居者の立場では、ホーム規模が大きいと細やかな配慮をなされなくなり、住まいとしての雰囲気も保てなくなります。三〇室以下のホームでも立派に黒字を出している優れたホーム経営者もたくさんいます。

4 廊下の両側に居室が配置されているか？

土地形状の制約やコンバージョン物件の制約で、廊下の片側だけに居室が配置されていることがあります。こうしたケースでは、居室への動線（廊下の長さ）が長くなり、スタッフの移動距離が増え、スタッフへの負担が増して、入居者への配慮が不足がちになります。特にスタッフ配置が少ない低価格型の施設では、入居者に目が届きにくくなります。

このため、居室への動線を長くしないために廊下の両側に居室が配置されていることが望ましいのです。ある運営会社では、介護職控室（ケアステーション）からの廊下の長さを十数メートル以下としています。

5 介護職控室（ケアステーション）の位置は適切か？

介護職控室は、各階の中心で食堂とフロア全体が見渡せるところに設けるのが望ましいです。その理由は、限られた人数のスタッフで入居者を効率的に介護するために、見守りやすく、動線を短くするためです。

介護職控室がフロアごとになく、特定のフロアにしかないホームもしばしば見られますが、これだと介護スタッフに多くの負担がかかります。介護職控室の配置は、介護棟全体の設計思想が透けて見えるところですので、ホーム見学の際は、真っ先に確認してみてください。

6 浴室は各居住フロアにあるか？

浴室は一か所に集中しているのではなく、各居住フロアに分散して設置されているのが望ましいです。機械浴室は入居者約四〇人に一台は必要で、集中配置もあり得るのですが、一般浴室は約二〇人に少なくとも一か所、各フロアに一か所設置がベストです。これらの理由は、入居者の要介護度が重くなった場合、入居者の移動とスタッフの移動介助の負担を軽減するためです。

また、浴槽も複数で入るものより、一人で入る個別浴の方がプライバシーを保て、衛生的であり、入浴介助もしやすいため望ましいです。ちなみに、入浴回数の基準は特養（特別養護老人ホーム）と特定施設（介護付有料老人ホーム）では、週二回です。この基準は、実は刑務所の入浴回数と同じであり、介護施設が弱者救済の「措置の時代」であった頃の名残です。施設によっては、入浴回数がもっと多く、入浴日や入浴時間もある程度選べるところもあるので、よく確認してみてください。

7 食堂は各フロアに設けられているか？

食堂は一か所に集中する「集中ダイニング」ではなく、各フロアに設ける「分散ダイニング」が望ましいです。その理由は、食事は一日三回毎日必要なため、入居者の要介護度が重くなった場合、集中ダイニングだと入居者の移動とスタッフの移動介助の負担が大きくなるからです。

集中ダイニングのホームでは、食事の時間前になるとエレベータ前に、車イスに乗った入居者が集中し、列をなしている光景がよく見られます。これは入居者にとって快適ではありません。

8 エレベータの設置台数と大きさは適切か？

エレベータは五〇人から七〇人規模のホームでは一基、ストレッチャー（搬送用の脚と脚車のついたベッド）の入る奥行きのあるものが必要です。その理由は、事故が起きたときや要介護度が重く、座位が取れない入居者の移動のためにストレッチャーを使って、エレベータで移動するためです。

七〇人から一二〇人規模のホームでは、さらにもう一基通常型のエレベータが必要です。介護施設でストレッチャーが入らないような小さなエレベータを使っているところは、入居者の要介護度が重くなった場合の対応が大変になりますので要注意です。

9 居室の床はカーペット張りになっているか？

床はカーペット、コルク、あるいはクッション性が高いフローリングか、塩ビシート張りが望ましいです。その理由は、入居者が転倒したときの衝撃を和らげてくれるからです。こうした床張りは、断熱性もあり、光熱費を抑え、騒音対策にもなります。特にカーペットは、ちりやほこりが床から舞い上がるのを防いでくれます。

10 スタッフの通算経験年数はどのくらいか？

介護施設でのスタッフの通算経験年数には、長短のバランスが必要です。通算経験年数の短い人は経験が少なく、サービス品質面で劣る面もありますが、施設の理念や方針を柔軟に受け入れやすいと言えます。一方、通算経験年数の長い人は、一般に癖が強かったり妙なこだわりを持っていたりすることが多いため、こうしたスタッフばかりだと運営しにくく、人件費アップの要因にもなります。私の知る限り、単に業界に長くいるだけの年配スタッフが多いホームより、やる気のある若手をしっかりリードして育てている中堅スタッフと若手が多いホームの方が活気があり、雰囲気もいいようです。

11 スタッフの離職率はどのくらいか？

他の業界に比べ、離職率が高い業界ですが、あまり高いところはよくありません。離職率が高いと担当スタッフがすぐ代わるので、サービスの質も安定せず、入居者にとってストレスになります。離職率が三〇パーセントを超えている場合は、要注意です。ちなみに、こうしたスタッフの状況は重要事項説明書を見ると確認できます。

12 入居者の平均要介護度はどのくらいか？

入居者の平均要介護度は、3前後が適当です。重すぎると、スタッフの負担が増え、サービスが手薄になりがちです。また、要介護度の分布は、軽度から重度までバランスよく分散しているのが理想的です。

バランスが偏ると、時間の経過に伴い、必要介護量（介護スタッフ数）が大きく変化し、介護サービスの質が低下します。バランスが取れていると、重度の人はベテランスタッフが対応し、軽度の人は新人スタッフが対応するということが可能になり、効率と質の両面でよくなります。これも重要事項説明書を見ると確認できます。

13 苦情処理体制はあるか？

入居者や家族から苦情が出た場合、組織的に対応する体制が整備されているかどうかが、施設選択の重要な評価ポイントになります。施設内に投書箱は設置されているか、苦情処理の委員会などが設置されているか、苦情受付から対応までの記録を取っているか、などを確認してください。

14 入居者の家族への対応はどうか？

入居者への対応はもちろん、家族への対応も重要な評価ポイントになります。入居者懇談会が定期的に開催されているか、スタッフが家族との信頼関係構築に努めているか、家族に対して入居者の記録を定期的にかつ随時報告しているか、施設の行事に家族を招いているか、などです。対応の良し悪しを評価するのに一番わかりやすいのは、スタッフが家族の顔と名前をちゃんと覚えているかです。

15 掃除はきちんと行なわれているか？

居室内や共用部分、食堂、トイレ等は常に清掃され、清潔が保たれているかを見学のときに必ず確認してください。ゴミが落ちていたり、きちんと清掃されていなかったりする場合は、スタッフが不足気味かマネジメントに問題のあることが多いです。「介護施設に行ったらトイレを見よ」です。

16 スタッフの服装、身だしなみ、言葉遣いは適切か？

スタッフの服装、言葉遣い、挨拶等はサービスの基本であり、これらを観察すれば、大体のレベルと雰囲気がわかります。ただし、営業担当のスタッフには、挨拶が元気なだけの人もいるので、要注意です。電話の応対は丁寧か、こちらの話をよく聴いてくれるか、説明をきちんと丁寧にしてくれるか、約束をきちんと守るか、などの点を意識して確認してください。

ここが
ポイント！

介護施設を探す

1 本来、親が元気なうちに、本人の希望する老人ホームや介護施設の候補を選んでおき、いざ入居が必要になったときに、入居できることが望まれます。

2 しかし、心身ともに元気なときと、身体が不自由になったときとでは、必要なものや希望するものの優先順位が変わってきます。

3 親の介護が必要な状態での介護施設探しは、施設に入居する親の希望よりは、親以外の「家族の必要性」によって行なわれます。これが、親が元気なときに老人ホームや介護施設を探す場合と決定的に異なる点です。

4 あなたや家族があわてて探して入居を決定すると、契約条件の詳細な確認が不十分になり、入居後のトラブルが多くなりがちです。「最低限の見学で、いい介護施設を見分ける16のポイント」を参考に探してください。

第9章

財産管理等委任契約をスタートする

必要になった時点で受任者に書面で通知する

親の身体が不自由になり、本人による財産管理が難しい状態になったら、元気なうちに結んでおいた財産管理等委任契約をスタートさせましょう。

財産管理等委任契約は、任意後見契約とは異なり、家庭裁判所による監督人の選任はありません。このため、契約を発効させる時期に特に制限はないので、あらかじめ契約書の文面に「契約発効の条件」を記載しておきましょう。そうでないと、契約を結んだ段階から委任者への報酬が発生してしまいます。本人の判断能力が十分で自立して動けるうちは自分で財産管理ができるはずなので、その間の委任は不要のはずです。

「契約発効の条件」としては、原則委任者からの書面での通知をもって、契約の発効とするのがいいでしょう。

財産管理等委任契約の今後のあるべき方向

前述のとおり、現行の法体系では、弁護士以外の人が財産管理等委任契約の受任者になると、非弁護士の法律事務の取扱い等を禁じた弁護士法第72条に抵触する、つまり、違法ということになります。にもかかわらず、現状では多くの非弁護士の方がホームページなどで財産管理等委任契約についての宣伝をしています。弁護士法第72条などを知らないで、この契約を利用したいと思っている一般の人にとって、こうした非弁護士の方による財産管理等委任契約についての宣伝は、大変紛らわしいと言わざるを得ません。

非弁護士の方が財産管理等委任契約の受任者になるのは、当人に非弁行為をやっているという認識がない、あるいは任意後見契約を結ぶ際に財産管理等委任契約の委任者になることを依頼者から依頼される、などの理由が考えられます。

一方、エピローグで述べるように、世界一の高齢国家であるわが国では、今後要介護状態になる人や認知症が発症する人がますます増加すると予測されています。そうなると、弁護士だけが受任者になれるという現行の法体系では、契約を必要とする人数に対して受任者になれる人数の不足が十分予想されます。

これらを踏まえると、私は、財産管理等委任契約についても、「任意後見契約に関する法律」のように、きちんとした法的な整備を行ない、任意後見契約同様、公正証書での作成を義務づけ、家庭裁判所により監督人が選任されるようにして、弁護士以外でも適正な方であれば、受任者になることができ、かつ、不正が起きにくいような仕組みにするのがよいと考えます。

ここがポイント！

財産管理等委任契約をスタートする

1 親の身体が不自由になり、本人による財産管理が難しい状態になったら、元気なうちに結んでおいた財産管理等委任契約をスタートさせましょう。

2 財産管理等委任契約は、任意後見契約とは異なり、家庭裁判所による監督人の選任はありません。

3 このため、契約を発効させる時期に特に制限はないので、あらかじめ契約書の文面に「契約発効の条件」を記載しておきましょう。

第10章

亡くなったときの連絡先を確認する

親の生前に聞いておきたいことのトップは「葬儀への参列者リスト」

冠婚葬祭互助会を運営する㈱くらしの友が、二〇〇七年に首都圏の団塊世代男性四〇〇人を対象にしたアンケート調査によれば、「親が亡くなる前にこれだけは聞いておきたいこと」のトップは、「遺言の有無」と「葬儀への参列者リスト」という結果が出ています。親の生前に、親が亡くなったときに連絡してほしい相手先を確認することの重要性が表れています。

ちなみに、回答者の八四・三パーセントが親の葬儀の経験者であり、残りが未経験者です。経験者は「遺言の有無」、「葬儀への参列者リスト」、「資産状況」、「葬儀の規模・形式の要望」の順なのに対して、未経験者は「葬儀への参列者リスト」、「葬儀の規模・形式の要望」、「遺言の有無」、「資産状況」の順になっており、親の葬儀の経験の有無により、優先順位に差が表れています。経験者が「遺言の有無」をトップに挙げている理由は、親の死後に遺産相続でいろいろと苦労した経験があるからでしょう。

なぜ、亡くなったときの連絡先を確認する必要があるのか?

亡くなったときの連絡先の確認の必要性は、先に挙がっているように、親の葬儀に誰を呼ぶ・呼ばないの選択を誤ると、後々に親族間でトラブルになったり、取引先との関係がこじれたりするからです。これは、親の生前にぜひ確認しておきたいことです。

ただし、親の葬儀に誰を呼ぶ・呼ばない、の選択が、親本人と家族とで異なることがよくあります。本人の意向を尊重したいところですが、親族間のトラブル予防という本書の趣旨から言えば、本人よりも残される家族の都合をより考慮することが重要と思われます。

一方、葬儀に呼ぶ必要がなくても、連絡する必要のある相手先もあります。亡くなったことを連絡しないと、延々と事務手続きの連絡が来たり、年賀状が届いたりして相手に余分な作業をさせてしまうことになり、失礼になります。

こうした親のプライバシーに関わることは、本人の判断能力が不十分になると確認ができなくなります。そうかと言って、まだ元気なときに、そうした相手先リストを子供に渡すことに抵抗感のある人も多いでしょう。

これらの理由から、親が亡くなったときに連絡してほしい相手先の確認は、親の身体が不自由になったときに切り出すのが、本人に対する抵抗感も比較的少なく、自然に依頼しやすいと思われます。

ネット上の交流先も知らせてもらう

最近は七〇歳以上の人でも、以前に比べてネットを使う人が増えています。ネットをよく使う親の場合は、ネット上の交流先も知らせてもらいましょう。具体的には、電子メールの交換相手先アドレス、メーリングリストのアドレス、ネットコミュニティやブログの投稿アドレスなどです。

また、親がホームページやブログを立ち上げている場合は、亡くなったときにサーバー上からデータを削除できるようにサーバー管理用のＩＤやパスワードも教えてもらいましょう。

以前、私の知り合いが、突然心臓発作で亡くなったときに、彼女のホームページがかなりの期間そのままになっていました。彼女は、生前にほぼ毎日コメントを更新していました。このため、彼女のホームページは、彼女の死後も長い間、亡くなる前日のコメントで止まったままになっていました。しかし、これは見ている側にとって何とも不思議な気持ちでした。なかには、亡くなった人のことを偲びたいので、そのままの方がいいと思う人もいたようですが、私は亡くなった人のホームページ等は速やかにデータを削除する方がいいと思います。

一方、現代はネット上に個人のホームページやブログがあふれる時代になり、今後は亡くなっても、放置されたままのものが莫大な数になる可能性があります。近い将来、何らかのルールが必要な分野だと思います。

ここが
ポイント！

亡くなったときの連絡先を確認する

1 子供が親の生前に聞いておきたいことのトップの1つは「葬儀への参列者リスト」です。親の葬儀に誰を呼ぶ・呼ばない、の選択を誤ると、後々に親族間で揉めたり、取引先との関係がこじれたりするからです。

2 「葬儀への参列者リスト」は、本人の判断能力が不十分になると、確認できなくなります。そうかと言って、まだ元気なときに、そうした相手先リストを子供に渡すことに抵抗感のある人も多いでしょう。

3 これらの理由から、親が亡くなったとき連絡してほしい相手先の確認は、親の身体が不自由になったときに切り出すのが、本人に対する抵抗感も比較的少なく、自然に依頼しやすいでしょう。

4 ネットをよく使う親の場合は、ネット上の交流先も知らせてもらいましょう。具体的には、電子メールの交換相手先アドレス、メーリングリストのアドレス、ネットコミュニティやブログの投稿アドレスなどです。

5 また、親がホームページやブログを立ち上げている場合は、亡くなったときにサーバー上からデータを削除できるようにサーバー管理用の ID やパスワードも教えてもらいましょう。

第Ⅲ部

親の判断能力が不十分になってきたらやること

認知症の進行などの理由で、いよいよ親の判断能力が不十分になってきたらやるべきことは、

①任意後見契約のスタート

あるいは、

②法定後見制度の利用

です。

第⑪章

任意後見契約をスタートする

家庭裁判所に任意後見監督人選任の申し立てをする

認知症の進行などの理由で、親の判断能力が不十分になってきたと感じたら、先に契約しておいた任意後見契約をスタートさせましょう。

第3章で説明したとおり、通常、あなたを含む家族や任意後見受任者が、最寄りの家庭裁判所に「本人の判断能力が低下してきており、任意後見をスタートさせたいので『任意後見監督人』を選任してください」という申し立てをします。これを受けて家庭裁判所が任意後見監督人を選任した時点で、契約が発効となり、後見人による後見事務がスタートします。

こうした手順になっている理由は、本人は判断能力が不十分になっていて自分ではもはやできないため、本人に代わって家庭裁判所が任意後見監督人を選ぶのです。申し立てができるのは、任意後見人、配偶者、四親等内の親族になります（実は、判断能力があれば、本人も申し立てをすることができます）。

家庭裁判所に任意後見監督人選任の申し立てをするときには、被後見人（つまり、あなたの親）の判断能力のレベルについての医師の診断書が必要です。また、家庭裁判所の調査官が被後見人に面接のうえ、本人の気持ちを確認します。

契約が発効になった後に、親が悪徳業者に騙されたら？

「任意後見契約に関する法律」には、後で説明する法定後見制度における「法定後見・保佐・補助」とは異なり、本人の行為を任意後見人が取り消すことができるとは規定されていません。このために、任意後見人には「取消権」がないとされています。

一方で、「任意後見契約に関する法律」第2条によれば、任意後見契約とは「委任者（本人）が、受任者（任意後見人）に対し、（委任者が）精神上の障害により事理を弁識する能力が不十分な状況における（委任者の）①生活②療養看護③財産管理に関する事務を委託し、委託する事務については受任者による代理権を付与する委任契約」です。したがって、任意後見人は、その「代理権の範囲で」取消権を行使することができる、という解釈もあります。

この解釈に従えば、たとえば生活に必要な機器・物品の購入に関して、「代理権目録に記載していれば」、悪徳訪問販売業者から購入させられた物品をクーリングオフすることもできるとされます。

ただし、あくまでも事前に設定した代理権の範囲内での取消しですので、その枠を超えた場合には法定後見制度での対応を検討することが必要です。

ここがポイント！

任意後見契約をスタートする

1 認知症の進行などの理由で、親の判断能力が不十分になってきたと感じたら、先に契約しておいた任意後見契約をスタートさせましょう。

2 通常、あなたを含む家族や任意後見受任者が、最寄りの家庭裁判所に任意後見監督人選任の申し立てをします。

3 申し立て時には、被後見人の判断能力のレベルについての医師の診断書が必要です。また、家庭裁判所の調査官が被後見人に面接のうえ、本人の気持ちを確認します。

4 任意後見人には「取消権」がないとされている一方、任意後見人は、その「代理権の範囲で」取消権を行使することができる、という解釈もあります。

5 この解釈に従えば、たとえば、生活に必要な機器・物品の購入に関して、「代理権目録に記載していれば」、悪徳訪問販売業者から購入させられた物品をクーリングオフすることもできるとされます。

6 ただし、あくまでも事前に設定した代理権の範囲内での取消しですので、その枠を超えた場合には、法定後見制度での対応を検討することが必要です。

第12章

法定後見制度を利用する

法定後見制度とは何か？

第3章で説明したとおり、本書では、将来のトラブル予防のために、あなたの親がまだ元気なうちに任意後見契約を結ぶことをお勧めしています。しかし、本書をお読みいただいた方のなかには、すでに親が重い認知症で判断能力が十分でなくなったが、任意後見契約は結んでいないという方もいらっしゃると思います。こうした場合には本人を悪徳業者などによる不当な行為から保護するために、「法定後見制度」を利用します。

任意後見制度が、まだ健康で元気なうちに、将来判断能力が不十分になった場合に備えるものなのに対して、「すでに」判断能力が不十分になった人を援助するのが法定後見制度です。

法定後見制度は、「後見」、「保佐」、「補助」の三つに分かれており、判断能力の程度など本人の事情に応じて制度を選べるようになっています。この制度においては、家庭裁判所によって選ばれた「成年後見人等（成年後見人・保佐人・補助人）」が、本人の利益を考えながら、本人を代理して契約などの「法律行為」（契約や解除などのことを言います）をしたり、本人が自分で法律行為をするときに同意を与えたり、本人が同意を得ないでした不利益な法律行為を後から取り消したりすることによって、本人を保護・支援します。

「後見」制度とは、どんな制度か？

精神上の障害（認知症・知的障害・精神障害など）により、判断能力が欠けているのが通常の状態にある人を保護・支援するための制度です。この制度を利用すると、家庭裁判所が選任した「成年後見人」が、本人の利益を考えながら、本人を代理して契約などの法律行為をしたり、本人または成年後見人が、本人がした不利益な法律行為を後から取り消すことができます。ただし、自己決定の尊重の観点から、日用品（食料品や衣料品等）の購入など「日常生活に関する行為」については、取消しの対象になりません。

「保佐」制度とは、どんな制度か？

精神上の障害により、判断能力が著しく不十分な人を保護・支援するための制度です。この制度を利用すると、お金を借りたり、保証人となったり、不動産を売買するなど法律で定められた一定の行為について、家庭裁判所が選任した「保佐人」の同意を得ることが必要になります。

保佐人の同意を得ないでした行為については、本人または保佐人が、後から取り消すことができます。ただし、自己決定の尊重の観点から、日用品（食料品や衣料品等）の購入など「日常生活に関する行為」については、保佐人の同意は必要なく、取消しの対象にもなりません。

また、家庭裁判所の審判によって、保佐人の「同意権」、「取消権」の範囲を広げたり、特定の法律行為について保佐人に「代理権」を与えることもできます。

「補助」制度とは、どんな制度か？

軽度の精神上の障害により、判断能力の不十分な人を保護・支援するための制度です。この制度を利用すると、家庭裁判所の審判によって、特定の法律行為について、家庭裁判所が選任した「補助人」に「同意権」、「取消権」や「代理権」を与えることができます。

ただし、自己決定の尊重の観点から、日用品（食料品や衣料品等）の購入など「日常生活に関する行為」については、補助人《ほじょにん》の同意は必要なく、取消しの対象にもなりません。

「成年後見人等」には、どのような人が選ばれるのか？

「成年後見人等」は、本人のためにどのような保護・支援が必要かなどの事情に応じて、家庭裁判所によって選任されます。本人の親族以外にも、法律・福祉の専門家その他の第三者や、福祉関係の公益法人、その他の法人が選ばれる場合があります。成年後見人等を複数選ぶことも可能です。また、成年後見人等を監督する「成年後見監督人」などが選ばれることもあります。

成年後見人等の役割は何か?

成年後見人等は、本人の生活・医療・介護・福祉など、本人の身のまわりの事柄にも目を配りながら本人を保護・支援します。しかし成年後見人等の職務は、本人の財産管理や契約などの「法律行為」に関するものに限られており、食事の世話や実際の介護などは、一般に成年後見人等の職務ではありません。

また、成年後見人等はその事務について家庭裁判所に報告するなどして、家庭裁判所の監督を受けることになります。

ここがポイント！

法定後見制度を利用する

1 任意後見制度が、まだ健康で元気なうちに、将来判断能力が不十分になった場合に備えるものなのに対して、「すでに」判断能力が不十分になった人を援助するのが法定後見制度です。

2 法定後見制度は、「後見」、「保佐」、「補助」の３つに分かれており、判断能力の程度など本人の事情に応じて制度を選べるようになっています。

3 この制度においては、家庭裁判所によって選ばれた「成年後見人等（成年後見人・保佐人・補助人）」が、本人の利益を考えながら、本人を代理して契約などの「法律行為」をしたり、本人が自分で法律行為をするときに同意を与えたり、本人が同意を得ないでした不利益な法律行為を後から取り消したりすることで、本人を保護・支援します。

4 成年後見人等は家庭裁判所によって選任されます。本人の親族以外にも、法律・福祉の専門家、福祉関係の公益法人、その他の法人が選ばれる場合があります。

5 成年後見人等の職務は本人の財産管理や契約などの「法律行為」に関するものに限られており、食事の世話や実際の介護などは、成年後見人等の職務ではありません。

第Ⅳ部

もっと根本的な「トラブル予防策」

第Ⅲ部まで、「高齢期の親に関わる諸問題」に起因するトラブルをなるべく未然に防ぎ、仮にトラブルが起きても、それによるダメージを最小限に食い止めるための「対処法」について説明してきました。おわかりのように「高齢期の親に関わる諸問題」に起因するトラブルは、「親の生前に起こるトラブル」と「親の死後に起こるトラブル」の２つに分けられます。

「親の生前に起こるトラブル」の大半は、親の介護にまつわることです。そして、介護が必要になるのは「認知症の発症」と「身体の衰え」が主な原因です。したがって、「親の生前に起こるトラブル」を予防する根本的な対策は、「認知症の発症」と「身体の衰え」を予防することです。これについては、第13章、第14章で説明します。

一方、「親の死後に起こるトラブル」の大半は、親の遺産相続にまつわることです。このトラブルについては、親が公正証書遺言を遺すことである程度予防できることを説明しました。しかし、いくら公正証書遺言が遺されていても、別の理由でトラブルが起きる可能性があります。こうしたトラブルを予防する手立てについては、第15章で説明します。

第⑬章

認知症を予防する

認知症の予防には、①脳を活性化させる活動をする、②生活習慣病を避ける、③適度な運動をする、のがよいとされています。

全国1600か所で、1万7000人以上が取り組んでいる「学習療法」

第6章で少し触れましたように、これまでに全国一六〇〇か所で、一万七〇〇〇人以上の人が、音読・手書き・簡単な計算とスタッフとのコミュニケーションによる「学習療法」に取り組んでいます。

ここで言葉の定義を整理しておきます。運営主体の㈱くもん学習療法センターによれば、認知症の人の脳機能改善を目的としたプログラムを狭義の「学習療法」と呼び、

認知症予防には何をするのがよいか？

1. 脳を活性化させる活動をする
2. 生活習慣病を避ける
3. 適度な運動をする

健康な人の脳機能維持・認知症予防を目的としたプログラムを「脳の健康教室」と呼びます。狭義の「学習療法」は、これまでに全国一二〇〇以上の介護施設に導入され、約一万二〇〇〇人の認知症の人の症状改善に大きな効果を上げています。また、「脳の健康教室」は、全国の自治体の約四〇〇の会場で、五〇〇〇人以上の人が取り組み、脳機能の維持・認知症予防に役立っています。

結論から言うと、あなたの親がまだ認知症にはなっていないものの、物忘れが多くなってきたと思われたら、ぜひ最寄りの脳の健康教室に通うことをお勧めします。

科学的根拠が明らかな「非薬物療法」

この学習療法について、もう少し詳しく説明します。

学習療法は、私が所属している東北大学加齢医学研究所の川島隆太教授、㈱公文教育研究会、および高齢者施設を運営する社会福祉法人・道海永寿会の共同で開発されたもので、最近は海外からも高い関心が寄せられています。

学習療法は、薬物を使わずに症状の改善が図れる「非薬物療法」の一つです。第6章でもご紹介しましたが、これまで介護施設において多くの非薬物療法が取り組まれています。しかし、従来の非薬物療法の最大の問題点は、その療法が認知機能の改善に本当に有効であることの証拠となるデータがほとんど提出されていないことです。

これに対し、学習療法は、音読・手書き・簡単な計算が脳の多くの部位を活性化するという科学的事実に基づいて開発され、症状改善に有効であることのデータが研究論文として提出されています。

ちなみにこの論文は、二〇〇五年の米国老年学会誌（Journal of Gerontology）に掲載されています。通常、この雑誌に掲載されるまで投稿後二年はかかると言われていますが、この論文の場合、投稿後一か月で掲載通知が届いたとのことです。学習療法がいかに世界から注目されているかを示すものと言えましょう。

老人性認知症の問題は、コミュニケーションと身辺自立の障害

加齢に伴い脳の働きが衰え、それが重くなった状態が、一般的に「老人性認知症」です（一方、一八歳から六四歳で発症する認知症を『若年性認知症』と呼びます）。老人性認知症には、その発症原因によってさまざまなタイプがあります。介護施設で見られるのは、主に「アルツハイマー型認知症」、「脳血管型認知症」の二つのタイプです。脳血管型認知症の予防は、高血圧や糖尿病などの生活習慣病の予防が中心になっていますが、アルツハイマー型認知症の予防法は、いまだに明らかにはなっていません。

老人性認知症の方と接するときの第一の問題は、コミュニケーションがうまくできないことです。言葉を介したコミュニケーション、そして表情などの言葉を介さないコミュニケーションの双方がうまくいかず、他者との意思の疎通が困難になります。感情のコントロールが利かず、突然怒り出して周囲の人を困らせることも問題です。そして、第二の問題は、身辺の自立ができないことです。食事や衣服の着替えなど他

人の手助けが必要となります。

認知症の人は、脳の「前頭前野」が働いていない

これらのコミュニケーション、感情、身辺の自立などは、すべて大脳にある「前頭《ぜんとう》前野《ぜんや》」と呼ばれる領域がコントロールしています。つまり、老人性認知症が発症する原因はさまざまですが、日々の生活で問題となる症状のほとんどは、前頭前野の機能に関係するものなのです。

サルおよびヒトの研究の結果、この前頭前野という領域が、脳の他の領域を制御する最も高次な中枢であることが明らかになりました。前頭前野は、「おでこ」のちょうど裏側にあり、人間の大脳皮質の約三〇パーセントを占める巨大な領域です。この割合は、人間が一番大きく、高度な脳活動をすることで知られている類人猿も、一〇パーセント以下しかありません。つまり、生物学的に見た人間の特徴は、大きく発達した前頭前野を持つ動物である、ということが言えるのです。

人間の前頭前野には「思考する」、「行動を抑制する」、「コミュニケーションする」、

「意思決定する」、「情動の制御をする」、「記憶のコントロールをする」、「意識・注意を集中する」、「注意を分散する」などの働きがあります。これらは、まさに人間を人間たらしめている高次の機能です。つまり、前頭前野は「人間の心」そのものと言えるでしょう。また、前頭前野が命令を発することで、脳の、他の領域の機能が働くという点で、「前頭前野は、脳の司令塔」と言うこともできます。

「音読・手書き・簡単な計算」などの作業が脳を活性化する

川島教授が、脳がどのように働いているかを、画像によってとらえるｆＭＲＩ（機能的核磁気共鳴画像法）という装置で調べた結果、一桁の足し算などの簡単な計算問題を解いているとき、本を音読しているとき、手で文字を書いているときに、左右の前頭前野を含めた脳全体が活性化していることがわかりました。

一方、一生懸命に何かを考えているときや、テレビゲームをしているときには、一般的に想像されるほど前頭前野は活性化していませんでした。さらに、その後の研究で、スラスラと速く計算したり、速く音読したりするほど、脳がより活性化することもわかりました。

川島教授は、これらの研究によって「簡単な計算や音読を毎日行なうことで、左右脳の前頭前野が活性化し、それが効果的な刺激となって低下しつつある脳機能を向上させることができる」という結論を得ました。学習療法では、この考え方を根幹に前頭前野機能の維持・改善を図るプログラムを行なっています。

学習療法で、重い認知症の人の脳機能がよみがえる

学習療法は、次の二つの基本的な考え方をもとに行なう学習プログラムです。

①「音読・手書き・簡単な計算」を中心とする、教材を用いた学習であること
②学習者（認知症高齢者）とスタッフ（学習療法スタッフ）がコミュニケーションを取りながら行なう学習であること

この学習プログラムの研究が、福岡県大川市にある社会福祉法人・道海永寿会（永

寿の郷）と共同で、二〇〇一年九月から始まりました。参加した高齢者の方は、七〇歳から九八歳までの四七人で、研究開始時点での平均年齢は八二歳でした。

研究の結果、学習療法をした人が、学習療法をしなかった人に比べ、明らかに、「前頭葉検査」の数値が向上し、脳機能が改善されるという結果が得られました。

また、その結果は、高齢者の前頭葉検査の数値が向上したことにとどまりませんでした。まったく無表情だった人が、学習が進むにつれて笑顔が戻るようになったり、さらに、おむつに頼っていた人が、尿意や便意を伝えることができるようになったり、ついには自分でトイレに行けるようになったりと、日常生活に大きな変化が表れたのです。

脳の機能が変化することを専門用語で「可塑性《かそせい》」と呼んでいます。科学的な研究の結果、学習療法を行なうことにより、残っている脳の神経細胞が、さらにいろいろな脳の神経細胞とつながり合いながら機能を取り戻して、脳機能の働きやコミュニケーション能力、身辺自立性が改善されるということがわかっています。

一人ではなく、相手がいるので楽しく続けられる

学習療法は、原則二人の「学習者」と、一人の「支援者」との組み合わせで実施します。その理由は、教材の学習だけでも脳機能改善効果があるのですが、支援者が学習者と上手にコミュニケーションを取ることで、さらに改善効果が得られるからです。

現状、日本や海外で多くのいわゆる「脳トレ」プログラムが存在します。その多くは、プログラムを実施するために、パソコンの利用が必要な形態となっています。ところが、この形態だとパソコンを操作できない高齢者には敷居が高いだけでなく、画面を相手に一人で作業をしなければなりません。これでは、ソフトに余程興味をひかせる工夫がないと継続は難しいのです。

これに対して学習療法では、学習者は支援者との顔を合わせたコミュニケーションを通じて楽しく実践することができるため、継続意欲が起きやすいのです。実際「あの人に会って、一緒に学習するのが楽しみで、学習を続けているのです」と言う人も、学習者のなかには結構います。この点が、一人で行なう他の「脳トレ」プログラムと

比較した学習療法の大きな優位点です。

人は誉められれば、うれしくて続けたくなる

また、学習療法におけるコミュニケーションには多くの工夫が施されています。第6章で説明したとおり、認知症になると、叱られたり、落ち度をなじられたりする機会がどうしても増えがちなのですが、これが一番逆効果なのです。

これに対して、学習療法では、たとえば、学習が終わった時点で、すぐその場で成果を認め、誉めるようにしています。このために、その学習者が必ず「満点」を取れるよう、その人のレベルに適した教材を選択し、学習における「達成感」を味わってもらうようにしているのです。

「やってみせ、言って聞かせて、させてみて、誉めてやらねば人は動かじ」

これは、かつて連合艦隊司令長官山本五十六が言った有名な言葉ですが、認知症の

人に限らず、人は誰でも「誉められること」が、最もうれしく、やる気が出るものなのです。

年を取っていくと他人に叱られたり、怒られたりする機会は増えても、誉められる機会は減っていくものです。まして認知症になると、これまで当たり前にできたことができなくなることで、周りの人から叱られたり、文句を言われたりすることが増えます。こうした背景もあって学習療法を行なうと、多くの方が心地よくなり、症状が改善していくのです。

余談ですが、こういう話を老人ホームや介護施設の経営者にすると、「そうだ、俺だって、誉められたい！」と口を揃えて言います。人はみんな誉められたいのです。

学習療法を行なっている大阪のある老健（老人保健施設）に伺ったとき、愛想のいい七〇代のおばあちゃんが、ニコニコして挨拶をしてきました。実はこの方は、一年前にこの施設に来るまでは認知症の症状がひどく、自宅周辺で頻繁に徘徊していたとのことでした。この施設にデイサービスで来るようになり、学習療法を行なうようになってから徘徊しなくなったのです。

学習者だけでなく、支援者も「学習」する

一方、改善するのは学習者だけではありません。実は、支援者であるスタッフの意識も変わってきます。

一般に介護施設での認知症の人の介護の現場には、厳しい現実があります。毎日、毎日、いわゆる「三大介助」と呼ばれる「排泄介助」、「入浴介助」、「食事介助」のルーチンワークの繰り返しです。しかも、いくらがんばっても機能回復どころか、現状維持が精一杯で、ちょっとでも手を抜いたら、加速的な機能低下が待ち受けています。こうした厳しい現実の下では、手厚く介護を行なっても、改善の見込みもなく、介護スタッフはゴールの見えない徒労感に襲われることが多いのです。何よりも「認知症になった人は、いくら介護しても、機能が低下していく」というあきらめがあります。

ところが、学習療法に取り組み、重度の認知症高齢者の脳機能が実際に改善することが目に見えてわかると、「認知症になった人でも、そこから戻ってくることができる」、「人間は最後の瞬間まで自分自身の可能性を追求できる存在である」ということ

を実感し、意識が変わってきます。

そして、「私が働きかけたことで、入居者さんの認知症がこんなに改善した。私でもこんな貢献ができるのだ」という達成感が得られ、前向きな自負心と責任感が生まれるのです。これがスタッフのやる気を生み出し、さらなる改善アクションに向かっていきます。

その人の人生の理解が深まると、学習療法の効果が上がる

また、学習が終わった後も、学習教材のコンテンツを話題にして、さらにコミュニケーションを深める機会があることも、入居者とスタッフの双方にとって有益になっています。

認知症高齢者と言っても、一人ひとりの認知レベルが違います。それに加えて、一人ひとり、それぞれに実は深い人生のドラマがあります。目の前にいる高齢者を、「単に認知症で介護しなければならない高齢者」と見るのではなく、一人の人間としてきちんと向き合う機会があることで、これまで知らなかったその人の人生のドラマ

を知ることができるのです。このような体験を通じて介護スタッフが人間として成長できる点が、学習療法の奥深く優れた点です。

こうした「入居者」と「スタッフ」の「脳機能」や「関係性」の改善のキャッチボールが施設全体の雰囲気を改善し、マネジメントの質も向上していくという現象が、いま、全国の介護施設で現実に起こっています。施設の経営者にとって、この相乗効果が学習療法導入の最大のメリットと言えましょう。

この意味において、第8章で説明した「よい介護施設を見分ける評価ポイント」の一つとして、「学習療法に取り組んでよい成果が上がっているか」ということを挙げてよいと思います。その理由は、学習療法に取り組んでよい成果が上がっている施設は、施設の雰囲気がよいからです。

ただし、学習療法に取り組んでいる施設がすべてよい施設かどうかは別の話です。というのは、少数ですが、経営者や施設長レベルで学習療法の理念や目的の理解が乏しく、学習療法が施設のなかで「正しく」取り組まれていない場合には、よい成果が出ないからです。どこまで行っても、老人ホームや介護施設はリーダー次第なのです。

認知症の予防を目的とした「脳の健康教室」

これまで説明した学習療法を応用して、認知症の予防を目的とした「脳の健康教室」が実施されています。脳の健康教室は、「健康な人」、または認知症に片足を踏み入れている「軽度認知障害の人」を対象にしています。全国の自治体の協力により四〇〇を超える会場で、のべ五〇〇〇人以上の人が取り組み、脳機能の改善に大きな効果を上げています。

あなたの親が、まだ認知症にはなっていないものの、物忘れが多くなってきたと思われたら、ぜひ、最寄りの脳の健康教室で脳のトレーニングを行なうように勧めてください。

なお、学習療法や脳の健康教室にご興味の方は、運営主体である㈱くもん学習療法センターに問い合わせてみてください。

高血圧、高脂血症、糖尿病などの生活習慣病を避ける

認知症の原因となる疾患で多いのは、アルツハイマー病と脳血管性障害です。このため、認知症を予防するには、この二つを予防することが必要です。

脳血管性障害を予防するためには、高血圧、高脂血症、糖尿病などの生活習慣病にならないことが大切です。日頃から気をつけたいのが高血圧です。疫学研究から寒さが血圧を上げることが示されています。高血圧の人は冬の寒冷刺激を緩和するために、トイレや浴室などに必ず暖房を入れるべきです。入浴は熱すぎる風呂、冷水浴、サウナは避けましょう。

一方、アルツハイマー病は、「ベータアミロイド」と呼ばれる物質が脳の中に沈着するのが原因と言われていますが、どうすればこれを防ぐことができるかは、まだわかっていません。生活習慣病がアルツハイマー病の発症を早めるという報告もあります。

先に説明した学習療法は、認知症の原因がアルツハイマー病であっても、脳血管性

障害であっても、認知症になった人の脳機能を改善することが可能です。しかし、学習療法は、認知症の「原因自体」を防ぐためのものではないことをご理解ください。

食事は、和食がお勧めと言われています。ただし、高血圧を防ぐために、塩分は控えめにしてください。また、高脂血症を防ぐために脂っこい食事は避けてください。牛や豚より魚中心の食事がベターです。魚介類、海藻類、緑黄色野菜を中心に、一日に三〇種類程度の食品を取り、ミネラルやビタミンも摂りましょう。また、たばこは吸わず、酒も適量程度に控えてください。

適度な運動をする

四七〇〇人の運動習慣を調べ、四年にわたって追跡した研究によれば、普通の歩行速度を超える運動強度で週三回以上運動している人は、まったく運動しない人と比べて、アルツハイマー型認知症が発症する危険度が半分になっていた、という報告があります。有酸素運動は、脳の血流を増し、高血圧や血中のコレステロールのレベルを下げる効果があり、そのことが認知症の発症率に関係していると考えられています。

また、肥満になると心臓への負担が増し、糖尿病、高血圧、動脈硬化を引き起こす要因となります。肥満の防止には、ウォーキングや水泳などの有酸素運動が効果的です。

一方、適度な運動をすることのもう一つの意義は、加齢とともに衰える筋力をアップして、転倒しにくい丈夫な下半身をつくることです。これについては、次章で詳細を説明します。

ここがポイント！

認知症を予防する

1 認知症の予防には、①脳を活性化させる活動をする、②生活習慣病を避ける、③適度な運動をする、のがよいとされています。

2 音読・手書き・簡単な計算とスタッフとのコミュニケーションによる「学習療法」は、薬を使わない対認知症療法として、全国で利用者が増えています。

3 認知症の人の脳機能改善を目的としたプログラムを狭義の「学習療法」と呼びます。これは、これまでに全国一二〇〇以上の介護施設に導入され、約一万二〇〇〇人の認知症の人が症状の改善に大きな効果を上げています。

4 一方、健康な人の脳機能維持・認知症予防を目的としたプログラムを「脳の健康教室」と呼びます。こちらは、これまでに全国の自治体の約四〇〇の会場で、五〇〇〇人以上の人が取り組み、脳機能の維持・認知症予防に役立っています。両者を合わせると全国一六〇〇か所で、一万七〇〇〇人以上が取り組んでいます。

5 認知症の原因となる疾患で多いのは、アルツハイマー病と脳血管性障害です。脳血管性障害を予防するためには、高血圧、高脂血症、糖尿病などの生活習慣病にならないことが大切です。

6 肥満になると心臓への負担が増し、糖尿病、高血圧、動脈硬化を引き起こす要因となります。肥満の防止には、ウォーキングや水泳などの有酸素運動が効果的です。

第14章

筋力の衰えを予防する

脳卒中と転倒・骨折が要介護状態になるきっかけ

二〇〇四年の「国民生活基礎調査」によれば、要介護状態になるきっかけの第一位は「脳卒中（脳出血・脳梗塞・くも膜下出血）」、第二位は「高齢による衰弱」、第三位は「転倒・骨折」です。

脳卒中の予防法として一番いいのは有酸素運動です。最も手軽にできるのがウォーキングでしょう。この有酸素運動は、血圧を下げたり、血中脂質の状態を改善したりするのに効果的です。

筋肉量の変化——20代を100とすると、60代は60、70代は50

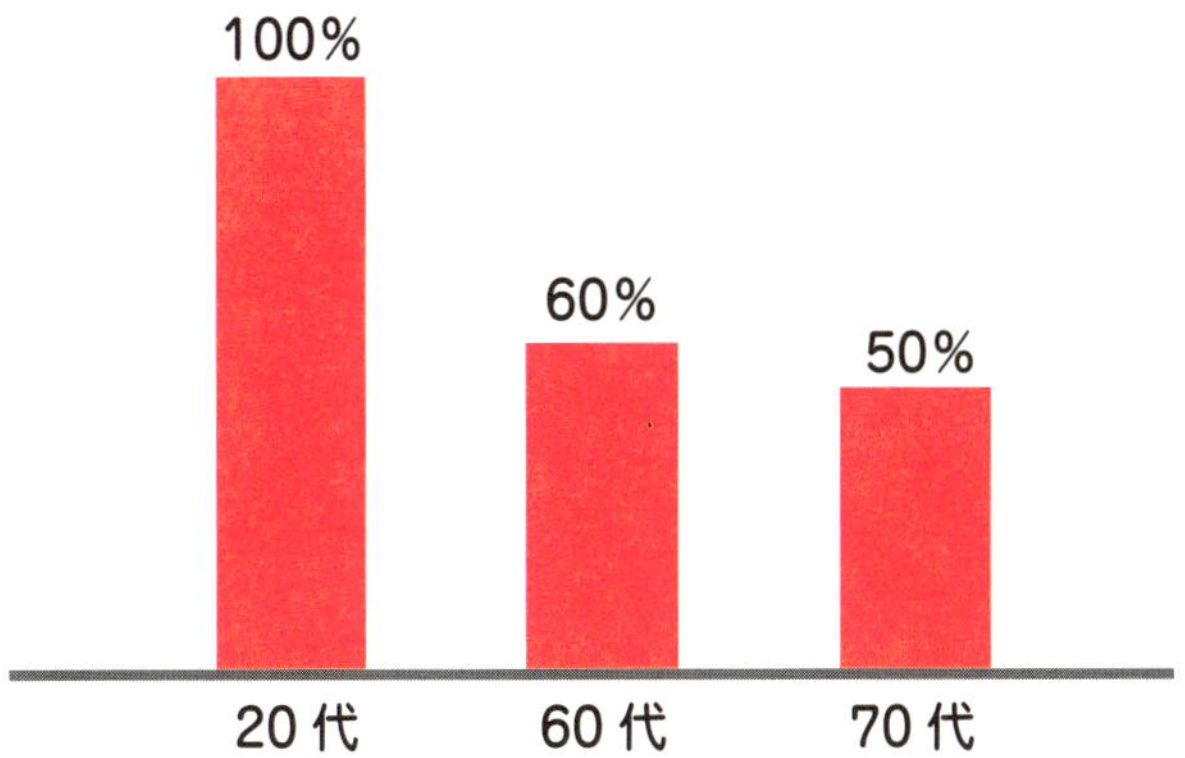

70代の筋肉量は、20代の半分

高齢による衰弱は仕方がないので、次に、転倒・骨折の予防策です。転倒の原因として、実際には複数の要因が関係していますが、原因の一つに加齢による「下半身の筋力低下」が挙げられます。

筋肉量の低下は三〇～四〇代から徐々に始まり、二〇代を一〇〇パーセントとすると、六〇代では約六〇パーセントに、七〇代では約五〇パーセントにまで減少してしまいます。あなたの親が七〇歳を過ぎているなら、筋肉量は二〇代の半分になっていると教えてあげてください。

また、上半身と下半身での筋肉量の低下割合を比較すると、下半身は上半身より一・五から二倍近くも低下していることが明らかとなっています。

大腰筋を鍛えるのがポイント

私たちの体は、歩く際に「大腰筋《だいようきん》」と太ももの筋肉を使っています。大腰筋とは、上半身と下半身をつなぐ唯一の筋肉です。大腰筋は歩行能力に影響を与える重要な筋肉です。

前述のとおり、私たちの筋肉量は、加齢とともに減少しますが、特に大腰筋が弱ると、歩行時に地面からのつま先の高さが下がって、ちょっとした段差や小石などに「つまずき」やすくなります。こうした「つまずき」がきっかけで転倒・骨折すると、そのまま寝たきりになってしまう可能性が大きいのです。

したがって、「筋力トレーニング」によって大腰筋をはじめとした歩行に関わる下半身の筋力を維持・強化し、筋肉量を増やすことが転倒・骨折の予防になるのです。

筋力の衰えを予防する

1 大腰筋を鍛えるのがポイント

2 ウォーキングだけでは筋肉量は増やせない

3 80 代でも筋トレすれば筋肉が増える

ウォーキングだけでは筋肉量は増やせない

筋力トレーニングが重要だ、という話をすると、高齢者の方からは、「毎日、ウォーキングをしているので大丈夫です」という返事が返ってくることがあります。

ウォーキングのような有酸素運動は、脳卒中の予防法としては一番いいのですが、残念ながらウォーキングだけでは、筋肉量の低下を抑えたり増加させたりすることはできません。筋肉量の低下を抑えたり、増加させたりするためには、対象の骨格筋に対して負荷をかけることによって行なう筋力トレーニングが必要なのです。

80代でも、筋トレすれば筋肉が増える

実は八〇代、あるいは九〇代の人でも、適切な筋力トレーニングによって筋肉量が増加することが多くの研究によってわかってきました。同じ年齢層でも筋力トレーニングを行なっている人と行なっていない人では、大腰筋の面積が明らかに違うのです。

私のアメリカ人の友人で八四歳の男性がいますが、彼はほぼ毎日スポーツジムに通い、筋力トレーニングを行なっています。いまでも姿勢・スタイルがよく、彼の周辺の同年代の人が認知症になったり、寝たきりになったりしているのに対して、彼は元気はつらつで、とても八四歳とは思えないと周りの人に言われています。

寝たきりになると認知症も進行しやすい傾向がある

ある特養（特別養護老人ホーム）で入居者の要介護度、脳機能の度合いと、自立歩

行状態の一〇年間にわたるデータを見せてもらったことがあります。

明らかだったのは、転倒・骨折して自立歩行ができなくなると、認知症の進行が速くなる傾向が見られ、これに伴い要介護度も急速に重くなっていく傾向が見られたことです。このデータが示しているのは、自分の足で自立して歩くという行為が、脳機能にも何らかの影響を及ぼしているということです。

私の母は脳梗塞で倒れた後、懸命のリハビリにより、何とか自立して歩けるようになりました。しかし、まだ足にしびれが残るようで、長時間歩くのはしんどいようです。先のデータを見てから、私は母に、本人は辛いかもしれませんが、「無理をしない範囲で、なるべく歩け」と口を酸っぱくして言うようにしています。

高齢者でも続けられる筋トレ・サービスが増えている

高齢者に「筋力トレーニングをした方がよい」と言うと、「高齢だから、無理、無理」と言って、あきらめてしまう人が多いようです。しかし、最近は高齢者でも無理なくできる筋力トレーニングの機器やサービスが増えてきており、本人にやる気さえあれば、継続できる環境は整ってきています。

たとえば、㈱つくばウエルネスリサーチは、筑波大学における研究成果を基盤に、高齢者を中心に多数の住民に対して個別指導と継続支援を可能とする個別運動・栄養プログラム提供・管理システム（e-wellness システム）を提供し、全国の自治体・企業健保等において約一万人の方がプログラムを実践しています。

また、各フィットネスクラブも、高齢者でも取り組みやすい機器やプログラムを開発し、高齢者の利用を促しています。特に、㈱カーブスジャパンが運営する「カーブス」は、女性専用ですが、中高年を中心に、高齢者でも継続して取り組みやすい筋力トレーニングプログラムとして人気を呼んでいます。

このカーブスは、アメリカで開発され、世界六〇か国でのべ四三〇万人以上が利用している世界最大の女性専用フィットネス・チェーンです。二〇〇三年に、私が日本で初めて紹介し、二〇〇五年七月に一号店をオープンして以来、わずか五年余りで全国に九三六店舗（二〇一〇年一一月二七日現在）、会員数は三五万人を超える日本一のチェーンに成長しました。

カーブスに通っている人は五〇代が最も多く、全体の三〇パーセントを占めますが、六〇代が四〇代と並んで二番目に多く、二二パーセントを占めています。また、七〇歳以上も六パーセント占め、最高齢はなんと九七歳です。私がアメリカで最初にカーブスを見たときには、一〇〇歳を超える女性が通っていたのを見て、びっくりしたものでした。

このようにカーブスが、高齢者でも継続して取り組みやすいのには、いくつかの理由があります。第一に、一人ひとりの体力に合わせて無理なく運動できる点。ウェイトを使わない油圧式器具を使うため、力の強い人には負荷が強くかかり、力の弱い人には負荷が弱くかかるようになっています。このため、力の弱い高齢女性でも適度な負荷で無理なく運動ができるのです。

第二に、一日わずか三〇分で効果が出る点。カーブスでは、一〇から一二種類の異なる器具とボードが交互に環状に並べてあり、上半身運動→有酸素運動→下半身運動→有酸素運動を三〇秒ずつ交互に行なうようになっています。このシステムにより、通常のスポーツジムで九〇分運動するのと同等の効果を三〇分で得られるようになっています。この三〇分という短い時間でも、週二、三回続ければ、筋トレ効果が出てくるので、利用者は継続して取り組む気になるのです。

第三に、通いやすい点。一般の大型フィットネスジムと異なり、カーブスは住宅地のそばや商店街のそばにあることが多いので、買い物ついでにちょっと寄る、ということができます。

第四に、鏡がないので自分の姿が気にならない点。運動しているときの自分の姿が鏡に見えるのが嫌だという年配女性は結構多いもの。カーブスでは、運動する場所に鏡を一切置いていません。

そして、何と言っても、仲間ができやすく楽しいことです。カーブスに来る人は、皆健康になりたい、筋力をアップしたい、やせたい、など健康意識が高く、共通の目的を持った人たちです。このため、話題が共通で話しやすく、話し相手ができやすいのも高齢者にはうれしいのです。

あなたの親を要介護状態にさせないために、ぜひ、こうした最寄りの筋力トレーニング実施場所に足を運んでもらってください。

ここが
ポイント！

筋力の衰えを予防する

1 要介護状態になるきっかけの上位に「転倒・骨折」があります。転倒の原因の１つに加齢による「下半身の筋肉量の低下による筋力低下」が挙げられます。

2 ウォーキングだけでは、筋肉量の低下を抑えたり増加させたりすることはできません。筋肉量の低下を抑えたり、増加させたりするためには、対象の骨格筋に対して負荷をかけることによって行なう筋力トレーニングが必要なのです。

3 筋力トレーニングによって大腰筋をはじめとした歩行に関わる下半身の筋力を維持・強化し、筋肉量を増やすことが転倒・骨折の予防になるのです。

4 また、転倒・骨折して自立歩行ができなくなると、認知症の進行が速くなる傾向が見られ、これに伴い要介護度も急速に重くなっていく傾向が見られます。自立・歩行の維持のためにも筋力トレーニングは重要です。

5 最近は高齢者でも無理なくできる筋力トレーニングの機器やサービスが増えてきており、継続できる環境は整ってきています。

第15章

家族会議を開く

相続での揉めごとが多い「4つの理由」

そもそも、相続での揉めごとが多くなった背景として、次のようなことが挙げられます。

1 家族関係が希薄となり、家族が互いに疎遠となった

昔の大家族から核家族への変化に伴い、親子の同居が減っています。また、実の兄弟姉妹でも、世帯が別で住んでいるところも互いに離れていると、普段から話をしたり会ったりする機会が少なくなっています。盆や正月ですら家族全員が揃うことが減

多にないという家族も珍しくありません。

一方、家族以外の親族との関係も疎遠になっています。特に親族同士が地理的に近くに住んでいた頃は、盆や正月だけでなく、それ以外でも何かと親族が集まる機会があり、互いのことがよくわかっていたものです。しかし、そうした親族同士が一堂に集まるという習慣が薄れてきています。

さらに、家や家族・兄弟姉妹の関係性よりも、自分自身の利益のみを優先するという人も増えてきたように思われます。

2 離婚や再婚が増え、家族構成や関係が複雑になった

離婚や再婚が増えたために、家族関係がより複雑になっている例が増えています。私の知人にもこれまでに三回結婚し、その間に二回離婚している人がいます。確か、結婚したたびに子供をもうけていたので、かなり複雑な家族構成となっているはずです。

このような場合、家族といっても現在の妻、現在の妻との子、自分の連れ子、現在の妻の連れ子、前妻との子、など相当複雑です。こうした家族間では、相続人になっても互いに会ったこともないという場合も多く、遺産相続が発生したために、初めて

顔を合わせたという場合もあります。兄弟姉妹間でも疎遠なのに、ましてや、このような遠縁の家族間では人間関係がさらに希薄なため、遺産分割の話し合いでは間違いなく、揉めごとが起きます。

3 家督相続がなくなり、相続人が誰でも相続権を主張するようになった

戦後、家制度が廃止されたため、「家督相続人」（通常は長男）にすべての財産権利が譲り渡される単独相続がなくなり、相続人は誰でも相続権を持つようになりました。いまでも長男に家を継がせる例は多くあり、その場合に長男に多くの財産を相続させる例は依然あります。その一方で個人の権利意識が高まったことで、相続人が誰でも相続権を主張するようになったため、揉めごとが増えています。

4 経済状況の悪化で、親の財産を当てにする人が増えた

バブル経済の崩壊以降、景気の長期低迷により失業や収入減などから、自分で働いて財産を増やすよりも、親から財産を分けてもらった方がはるかに楽だと考え、親の財産を当てにする人が増えてきたように思います。

公正証書遺言が遺されてもトラブルが起こる可能性

すでに説明のとおり、遺言書がない場合、あるいはあっても、遺産分割方法についての指定がない場合、遺産分割協議を行なわざるを得なくなります。遺言書がないと、亡くなった人の意思が見えず、前述した背景のもとで、人間関係の疎遠な親族同士が互いに権利を主張し合うため、争いになってしまうのです。

そこで、本書では、揉めるきっかけとなる遺産分割協議を行なわなくて済むように、できるだけ親が公正証書遺言を作成することの重要性を述べました。また、トラブルの芽を摘むための注意点についても数多く述べてきました。

しかし、周到な公正証書遺言が遺されていても、親の死後に何らかのトラブルが起こる可能性はあります。たとえば、次のような例です。

「父親が、寝たきりの母親の面倒を見てもらうことを前提として、嫁いだ長女である姉に預貯金を三〇〇〇万円遺贈するという遺言書を遺しました。ところが、姉は父の死後、母の面倒は見ないと言いはじめました。にもかかわらず、三〇〇〇万円を受け取る権利を主張しており、他の兄弟たちは困惑しています」

この例は「負担付遺贈」と言って、遺贈を受ける者に一定の義務を課す遺言です。このような場合は、他の相続人が相当の期間を定めて、長女に母親の面倒を見る義務の履行を催促します。そのうえで、その期間内に義務が履行されない場合は、負担付遺贈の遺言を取り消す請求を家庭裁判所に請求することになります。

父親の生前に約束していたのに反故にした長女はけしからん、と思われるかもしれません。ところが、この例では、父の死後に長女の夫が脳卒中で倒れ、自宅で介護する必要が生じたのでした。予期せぬ夫の介護のために、実家から遠く離れて住んでいる長女には、もはや母親の介護は無理な状態になってしまったのです。しかも、夫が要介護状態になったことで、長女も介護のために勤めを辞めざるを得なくなり、収入が激減してしまったのです。

とはいえ、この場合は長女の義務履行違反になるので、三〇〇〇万円の権利を放棄してもらう以外にありません。別の問題は、父の死後、残された母の面倒を誰がどのように見るかということです。長女以外の兄弟で話し合いの結果、兄の自宅のそばの介護施設に入居させることになったとのことです。

この例のように、いくら周到な公正証書遺言が遺されていても、親の死後に、生前予想していなかった状況の変化が起こり得ることと、その変化が原因でトラブルになることも起こり得るということです。

制度だけでは、相続トラブルは予防できない

前の例は、ある程度やむを得ない事情によるトラブルと言えます。しかし、こうしたやむを得ない事情ではなく、過去の確執から起こるトラブルもあります。

「五七歳の長男の彼は、奥さんと子供と東京住まい。妹夫婦が大阪にある実家のそばに住んでいるものの自営業のため、八三歳の母の面倒を見るのが難しいようで、母のお金の管理は、東京にいる彼が面倒を見ています。ところが、最近、妹夫婦が認知症の悪化した母を見かねたのか、最寄りの家庭裁判所に法定後見人をつける申し立てをしたそうです。長男である彼が実質母の面倒を見て、財産管理もしているにもかかわ

らず、妹夫婦が法定後見人の申し立てをしたことが気に入らず、対抗措置を考えています。また、一年半前に亡くなった父が遺言書を遺さなかったため、相続人である母、彼、そして彼の妹とで遺産分割協議をすることになっていましたが、こんな状態なので協議はストップしたままです」

この彼は、「カネのことよりも、こんなことに多くの時間を取られるのが、やるせないんだよ」とこぼしていましたが、妹夫婦に対して安易に妥協したくないのも事実です。彼によれば、こうした揉めごとが起こるそもそもの発端は、亡くなった父と妹の夫（義弟）との間で何年も前に起きた〝けんか〟なのだそうです。

義弟が経営する自営業が、父の勤めていた会社の〝孫請け〟に当たり、取引上のトラブルがときどき起こっていたらしいのです。そして、トラブルが起こるたびに、父から叱りつけられたことが、いつしか父への怨念になり、それがずっと尾を引いているとのことです。

このように相続に関わるトラブルは、その背後にある「人間関係のトラブル」であることが見られます。こうしたトラブルは、いくら親が公正証書遺言を作成しても予防できません。つまり制度だけでは、トラブル予防はできないということです。

家族会議のすすめ

相続に関わるトラブルが起きる理由が、その背後にある「人間関係のトラブル」であるならば、それを予防するには人間関係をよくするしかありません。先に述べたように、核家族化が進展した現代は、何もしないと家族同士が疎遠になりがちです。そこで最低、年に一度、たとえば盆と正月は親の実家で「家族会議」を開催するのはいかがでしょうか。

家族会議と言っても、最初はそんなに大仰に構える必要はありません。せっかく家族全員が揃うのですから、食事や宴会をする合間に、少しだけ雑談をするところから始めればよいと思います。実家の近くにどんな老人ホームや介護施設があるのか、認知症や転倒・骨折を予防するにはどうするのがよいのか、などの話から始めて、高齢期になるといろいろな問題が発生しやすくなることを家族全員で共有し、考える機会をつくるのです。

こんなことを言うと「そんな話し合いができれば理想的だけど、そもそもそんなこと、現実には難しいよ」という声が聞こえてきそうです。

しかし、私は、一見不可能と思われても、一度はやってみることをお勧めします。人間は事前に知らされていないことで自分に不利になることを強要されると不満が出るものです。一方、たとえ自分に不利になることでも、事前に知らされていれば、心の準備ができるので、納得までいかなくてもまだ我慢できます。

職場でよくトラブルになるのは、事前に「根回し」がなく突然報告され、アクションを要求されるときです。「そんな話、聞いてないよ！」というのは、どなたでも一度は経験があるのではないでしょうか。職場では、この「根回し」が円滑な業務遂行に極めて重要です。

これと同じで、私は家族との間にも「根回し」が必要なのだと思います。一般に、家族に対しては、「家族だから、そんなに気を遣う必要はない」と思いがちです。しかし、本書で取り上げたような介護や認知症、相続といったデリケートなテーマについては、たとえ家族であっても、細心の配慮を持って扱うべきことだと思います。

それでも、「親・兄弟姉妹との仲が悪く、家族会議の開催など到底できると思えない」とお考えの方もいらっしゃるかもしれません。私は、仲が悪いからこそ、家族会議を開く意味があると思います。お互いのコミュニケーションが少ないことが疑心暗鬼を呼び、ますます仲が悪くなるのです。だから、逆にコミュニケーションの機会をつくって、話をするところから始めるべきです。いきなり家族会議とか言わずに、「親も年老いてきたので、年に一度は実家にみんな集まろう」と声をかけて、集まるところから始めてみてはいかがでしょうか。

家族会議そのものも大事ですが、もっと大事なことは、家族会議を通じて、日頃疎遠な親、兄弟姉妹とじっくりと話し合い、お互いの立場や状況を知って、理解を深め合う機会を得ることだと思います。

親族参加のイベント機会をつくる

一方、普段疎遠になっている家族以外の親族とも二年に一度程度は、顔を合わせ、お互いを知り合うイベント機会をつくるのはいかがでしょうか。

問題は、どんなイベントがよいかです。誰か親族の冠婚葬祭があったときに、タイミングを合わせて懇親会をやるのが一番自然な方法でしょう。

私のある知人に、毎週夏休みに親族揃ってバーベキューに出かけている人がいます。また、正月に親戚一同が集まって大宴会をやっている人もいます。疎遠がゆえに、最初に声をかけるのは少し勇気がいりますが、もともと親族なのですから、「たまには、親戚同士で一杯飲みましょう」というだけでも、十分集まる理由になるのではないでしょうか。

揉めごとを減らすこと自体が「双方の利益」

相続トラブルを予防するための方法について、いろいろなお話をしてきました。ここまでの内容をご理解いただき、実践していただければ、多くのトラブルは予防できると思われます。

しかしそれでも、互いの主張が相容れず、意見がぶつかり、揉めることもあるでしょう。そのような場合、もう一度思い出していただきたいことがあります。それは、「家族や親族である相続人同士で争っても、メリットは少ない」ということです。

家族や親族である相続人同士は相続における当事者同士ですが、本来「敵」ではないはずです。双方が自分の権利だけを主張して、自分だけの利益を追求しようとするから揉めごとになるのです。そうではなく、揉めごとを減らすこと自体が「双方の利益」になると考えるべきです。

遺産というのは、そもそも親の善意により親から財産をもらえることであって、もらえるだけでもありがたいと思うべきです（債務しかない場合は別ですが）。だから、もらう方が、ああだ、こうだと注文をつけることがそもそもおかしいと考えます。

「互譲互助」の精神を取り戻せ

私は、相続トラブルを根本的になくすには、かつて多くの日本人が持っていた「互《ご》譲《じょう》互《ご》助《じょ》」の精神を取り戻すしかないと思っています。この互譲互助という言葉は、私が縁あって社会人として最初のスタートを切った出光興産の創業者、出光佐三《いでみつさぞう》がよく語っていた言葉です。

互譲互助とは、文字どおり「お互いが譲り合い、お互いが助け合う」という意味です。前述のとおり、いくら制度を整備しても、制度だけでは予防できない相続トラブルもあります。なぜなら、こうした相続トラブルの根幹は、人間関係のトラブルだからです。そして、この人間関係のトラブルは、多くの場合、互いが相手のことよりも自分の権利だけを主張する、利己的な権利意識の高まりが原因だからです。

だから、こうしたトラブルを解決するには、互譲互助の精神を取り戻す以外にないと私は考えます。互譲互助は、「お互いが譲り合い、お互いが助け合う」という意味ですが、これは「お互いが助け合えば、お互いが譲り合う」という意味にも解釈できます。人は誰かに助けてもらったら、今度は相手を助けたくなるものです。

相手に一方的に助けを求めるのではなく、お互いがどうすれば助け合えるか、お互いが相手の困っていることに役に立てるかを探し合えば、自ずとお互いが譲り合うようになり、争いごとは減っていくのではないでしょうか。そして、この互譲互助の精神は、家族会議などを通じて、家族・親族間のコミュニケーションが改善し、深まることで育まれていくものだと私は思います。

ここが
ポイント！

家族会議を開く

1 親による周到な公正証書遺言が遺されても、親の死後に何らかのトラブルが起こる可能性はあります。また、相続に関わるトラブルの原因は、その背後にある「人間関係のトラブル」であることも、ときどき見られます。

2「人間関係のトラブル」を予防するには、人間関係をよくするしかありません。核家族化が進展した現代は、何もしないと家族同士が疎遠になりがちです。最低、年に一度、「家族会議」を開催することをお勧めします。

3 家族会議以上に大事なことは、家族会議を通じて、日頃疎遠な親、兄弟姉妹とじっくりと話し合い、お互いの立場や状況を知って、理解を深め合う機会を得ることです。

4 家族や親族は、相続においては当事者ですが、本来敵ではなく、揉めごとを減らすこと自体が「双方の利益」になると考えるべきです。

5 相続トラブルを根本的になくすには、かつて多くの日本人が持っていた「互譲《ごじょう》互助《ごじょ》」の精神を取り戻すことです。

6 互譲互助の精神は、家族会議などを通じて家族間のコミュニケーションが改善し、深まることで育まれるものです。

エピローグ

高齢期の親の問題を考えることは、私たち自身の近未来を考えること

一〇年ほど前に亡くなった長寿の双子姉妹で有名だった「きんさん・ぎんさん」が、生前二人とも一〇〇歳の誕生日に表彰されました。賞金を授与された際、テレビのインタビューで「きんさん、ぎんさん、賞金は何に使いますか?」と質問され、「老後の蓄えじゃ」と答えて笑いを誘ったものです。

しかし、彼女らの答えに象徴されるように、高齢になっても、お金を貯め続けて、使わずに天国に行ってしまう高齢者がいまだに多いのが現状です。その理由は、貧しい時代に育ち、戦争による窮乏を体験してきたため、倹約精神が強いということもありますが、それに加えて、社会の先行きに明るい展望が見られず、〝漠然とした将来不安〟を抱えており、お金を使うのが怖いからです。

高齢者が抱く、この〝漠然とした将来不安〟の中身の多くは、将来、認知症や要介護状態になったらどうしようという「健康不安」と、将来、年金の先細りや医療費の

増加で生活費が不足するようになったらどうしようという「経済不安」です。また、日本人の平均寿命が延び続けていることは認識しているため、好むと好まざるとにかかわらず、自分は長生きする可能性が高いと思っており、それゆえ、こうした「健康不安」と「経済不安」がさらに強まるという心理構造が形成されています。しかも、こうした〝漠然とした将来不安〟は、まさに漠然とした状態のままで、目に見えないがゆえに、さらに強まる面があります。

しかし、年金の先細りについては個人の力ではどうにも防ぎようがありませんが、それ以外は実は個人の努力で何とかなるものが多いのです。したがって、その中身を〝目に見える形〟にして、それが予防できることがわかれば、〝漠然とした将来不安〟はもっと解消できると思われます。本書は高齢期の親を持つ現役世代のためのトラブル予防の指南書ですが、同時に高齢期の親の「不安解消」の指南書としても、お役に立てることを祈っています。

実際、それまで遺言書なんて必要ないと思っていた人が、あるきっかけで遺言書を書いてみたところ、「頭のなかが整理されて、すっきりした」と感じるようです。「ここまで準備しておけば、いざというときにも大丈夫」というレベルまで、しっかり手を打っておけば、後は安心して残り時間もお金も好きなことに費やすことができるのではないでしょうか。このような高齢期の親の「不安解消」を子供であるあなたがお手伝いすることで、お互いにハッピーになれると思うのです。

そして、こうした高齢期の親の「不安解消」を手伝うことが、あなた自身がいずれ高齢期を迎えるときの〝準備〟となるのです。高齢期の親の問題を考えることは、私たち自身の近未来を考えることです。それは、私たち自身の人生を振り返り、深く見つめ直すことでもあります。

この意味においても、高齢者の問題は高齢者だけの問題ではありません。やや乱暴な言い方になりますが、年金財政がひっ迫するのは、高齢者が増えたためだけではありません。少子化で若年者が減ったためです。認知症人口が増え続けているのは、高齢者が増えたためだけではありません。家族の構造が大家族から核家族になり、近所付き合いが減り、一人暮らしで周囲から孤立して生活する人が増えたためです。また、食生活が欧米型の動物性たんぱく質の多いものになり、生活習慣病が増えたために、脳卒中になる人が増えたことにも原因があります。

高齢期の親の問題を考えることで、私たち自身の生き方を考える。私たち自身の生き方を考えることで、私たちの未来をよりよくするために何が必要かを考える。ささやかながら、本書がそのきっかけになればうれしく思います。

謝辞

まず、ダイヤモンド社の久我茂さんに本書を世に出す機会をいただいたことをお礼申し上げます。久我さんには、編集作業においても大変お世話になりました。

また、本書の内容についてお忙しいなか貴重なご意見をいただきました籔本義之弁護士、籔本亜里さんにもお礼申し上げます。

さらに、老人ホームと介護施設に関して、お忙しいなか貴重なご意見をいただきました株式会社福祉開発研究所の加藤信次さんにもお礼申し上げます。

また、本書執筆に当たり、貴重なご意見をいただいた多くの方々に、この場を借りてお礼申し上げます。

最後に、構想段階から、いろいろと相談に乗ってもらい、アドバイスをしてくれた妻・久美子に感謝いたします。そして、本書を執筆するきっかけを与えてくれた父、母にも深く感謝いたします。二人がいつまでも楽しく、有意義に過ごせるような社会を目指したいと思います。

二〇一一年一月吉日

村田裕之

［著者］
村田裕之（むらた・ひろゆき）
新潟県生まれ。1987年東北大学大学院工学研究科修了。民間企業勤務後、仏国立ポンゼショセ工科大学院国際経営学部修了。日本総合研究所等を経て、2002年3月村田アソシエイツ設立、同社代表に就任。06年2月より東北大学特任教授、07年4月より関西大学客員教授、09年10月より東北大学加齢医学研究所スマートエイジング国際共同研究センター特任教授。わが国のシニアビジネス分野のパイオニアであり、高齢社会研究の第一人者として講演、新聞・雑誌への執筆も多数。04年に世界最大の高齢者NPO AARPがロンドンで開催した国際会議に唯一の日本人パネリストとして招聘されたほか、海外機関・企業からの講演依頼も多い。また、米国の高齢社会問題のフロントランナーで構成されるシンクタンクThe Societyの唯一の日本人メンバー。
著書に、『シニアビジネス「多様性市場」で成功する10の法則』『団塊・シニアビジネス「7つの発想転換」』（ダイヤモンド社）『リタイア・モラトリアム』（日本経済新聞出版社）などがある。

親が70歳を過ぎたら読む本
――相続・認知症・老人ホーム……について知っておきたいこと

2011年2月10日　第1刷発行

著　者――村田裕之
発行所――ダイヤモンド社
〒150-8409　東京都渋谷区神宮前6-12-17
http://www.diamond.co.jp/
電話／03･5778･7232（編集）　03･5778･7240（販売）
装丁――――新田由起子
DTP――――ムーブ（新田由起子・川野有佐）
製作進行――ダイヤモンド・グラフィック社
印刷――――堀内印刷所（本文）・加藤文明社（カバー）
製本――――ブックアート
編集担当――久我 茂

ISBN 978-4-478-01461-5